哲學研究叢書・宗教研究叢刊

吉藏與三論宗及其在
日本之流傳

余崇生　著

目次

序論

一

　　三論宗，印度龍樹（Nāgārjuna, 150-250）之《中論》五百偈與青目（Pingala，Nilanetra四世紀）之注釋及加上鳩摩羅什（kumārajiva, 344-413）漢譯《中論》四卷，同龍樹弟子提婆（Ārya-deva, 170-270）的《百論》二卷，為三論宗所依據之經典，而成立之宗派。

　　三論宗的教義大都依於《大品般若經》為主，一名般若宗，又其所顯大分空義，同時也名大乘空宗，佛滅後七百年左右，龍樹論師，依摩訶般若，以「無得正觀」為宗，次從無畏論中，拈出八不一頌，縱橫分合，成五百偈，立二十七觀門，說八不中道，即無所得中道，是為《中論》（Madhyamaka- śātra），就《中論》內，擇其精玄，成十二略觀門，開示般若正觀，剋證中道法性，是為《中二門論》（Dvāda śamukha- śatra）。

　　自此而後，其弟子提婆論師（Aryadeva），繼續紹述，復演二十品百首盧義，妙弘此宗，正破外道，並破內外之執，是為《百論》，鳩摩羅什來中國，盡譯三論，是為此土三論論宗首祖，羅什有上足弟子十人：曰道生、道融、僧叡、曇影、慧嚴、慧觀、僧挈、道常、道標，謂之什門十哲，[1]僧肇傳之河西道朗，道朗傳之攝山僧詮，僧詮傳之興皇法朗。

1　十哲《涅槃玄義發源機要》卷二：「什公門下有十哲八俊四聖，肇皆預焉，生肇融叡為四聖，更加影嚴憑觀為八俊，兼常標名十哲」，（《大正藏》卷三十八，頁23，中）。

　　羅什既譯三論，什門之學者，各敷講之，然研究不精，道統不純，至僧詮法朗，始專弘三論，法朗傳之吉藏，是為嘉祥大師，三論至嘉祥大師而其宗極盛，亦至嘉祥而其義略變，於是一宗分為新古，嘉祥以前名古三論，亦名北地三論，嘉祥以後名新三論亦名南地三論，然而至於三論宗源流方面，約略或可這樣說，此宗以文殊為高祖，馬鳴為二祖，龍樹為三祖，龍樹下分二派：

　　（一）龍樹、龍智、清辨、智光、師子光、日昭。

　　（二）龍樹、提婆、羅睺羅、沙車王子、羅什等。

羅什為中國此宗之高祖，當其譯畢三論，即由其高弟各敷講之，其中道生、曇濟、道朗、僧詮、法朗、吉藏諸師，次第傳承三論學說。

　　以上所敘乃有關三論宗之傳承情形，以下讓我們來看看所謂「宗」的意思，「宗」在漢字的原意，首先由：

　　（一）靈堂、祖先的廟堂，或是意指牌位、社等的祭祀等。

由以上的意思演變到後來則有：

　　（二）宗旨、本源、主要、首領、頭目等的意思。

再者又在僧肇（374-414）的著述《肇論》中的「不真空論」，其在文章的開始有云：

　　　夫至虛無生者，蓋是般若玄鑑之妙趣，有物之宗極者也。[2]

在這裏所言「有物之宗」，其意義是指最終根源，再者，又云：

　　　故頃爾談論，至於虛宗，每有不同[3]此處的「虛宗」，則是玄虛

2　《肇論》：「不真空論」，（《大正藏》卷四十五，頁152，上）。

3　同前註2

的根源＝般若的根本義也。再而又在唐元康註《肇論》的《肇論疏》中有云：宗者宗祖，本名根本。[4]

由前面提及的各點看來，中國佛教稱呼「宗」，是指本來根源的義理，乃至指所主張的根本學說，同時我們也發現此種「宗」的根本義，一直到後代乃然貫徹著中國佛教史而不變，當到了淨影寺慧遠（523-592）才將它明確地界定，云：

> 所言宗者，釋有兩義，一對法辨宗，法門無量，宗要在斯，故說為宗，二對教辨宗，教別雖眾，宗歸顯於世界等，故名為宗。[5]
> 又，玄奘的弟子窺基（632-682）在其著作《大乘法苑義林章》中，亦云：夫論宗者，崇尊主義，聖教所崇所尊所主名為宗故，且如外道內道小乘大乘，崇尊主法，各各有異，說為宗別。[6]

在此引文中的「所崇、所尊、所主」的「宗」的規定，則是後世所謂的宗的三義，即「獨尊、歸趣、統攝」之原形，它可說給後來中國佛教的宗的概念之規定作了決定性的指向。從前面所敘大致我們可以瞭解到三論宗的傳承情形及「宗」的意義後，接著就讓我們來論析有關三論宗的教義及其思想內涵。

4　《肇論疏》卷上，（《大正藏》卷四十五，頁165，上）。

5　《大乘義章》，（《大正藏》卷四十四，頁509，下）。

6　《大法乘苑義林章》，（《大正藏》卷四十五，頁348，下）。

二

　　三論宗為在中國成立之宗派，在印度與此宗派相關者則為「中觀派」（Madhyamika），印度的大乘佛教也可說具「中觀與瑜珈」，故而後來劃分為中觀派與瑜伽行，在其中，中觀派以龍樹的《中論》為論述之所依，它是一顯示中道為主的學派，然而為了顯示中道，故而有所謂的「其中無所依」的要求，因此中觀派所重視的為「空」的思想，在中觀派空是以《般若經》為主心，龍樹的《中論》則為三論宗之一，然而在三論中卻可說是最重要的。又三論宗在中國流傳的時間並不長，大約當梁至中唐時期，為時約二、三百年，三論宗基本是本繼承印度的大乘空宗，屬中觀學派，而此派的創始人則為龍樹，龍樹的生活年代約為西元三世紀，他出生於南印度的一個婆羅門家庭，原為婆羅門教學者，後皈依佛教，他知識淵博，有云：

　　　　世學藝能，天文地理，圖鋒秘讖，及諸道術，無不悉練。[7]

其次，龍樹著作很多，號稱「千部論主」，日本的大正藏收有二十多部，中國藏文大藏經收有一百多部，但經學者們研究，很多是偽作，假託龍樹之名，確實屬龍樹作的只有十三部：
　　（一）《中論》四卷。姚秦鳩摩羅什譯於弘治十一年（409）。
　　（二）《十二門論》一卷，姚秦鳩摩羅什譯於弘治十一年（409）。
　　（三）《迴諍論》一卷，元魏毘目智仙譯於興和三年（541）。
　　（四）《六十頌如理論》一卷，現存藏、漢兩種譯本，漢譯本由宋
　　　　　施護譯於景德四年（1007）。

7　鳩摩羅什譯：「龍樹菩薩傳」，（《大正藏》卷五十，頁185）。

（五）《七十空性論》，原來只有藏譯本，近年已由法尊譯為漢文。

（六）《廣破經廣破論》，此經僅存藏譯本。

（七）《大智度論》一百卷，姚秦鳩摩羅什譯於弘始四年至七年
　　　（402-405）。

（八）《十住毗婆沙論》十四卷，姚秦鳩摩羅什譯。

（九）《大乘二十頌論》一卷，宋施護譯於大中符元年（1008）。

（十）《因緣心論頌釋》一卷，現存藏、漢兩種譯本，漢譯本在敦
　　　煌發現。

（十一）《菩提資糧論》六卷，隋達摩笈多譯於大業五年（609）。

（十二）《寶行王正論》一卷，現存梵、藏、漢三種版本，漢譯本
　　　　由陳真諦譯。

（十三）《龍樹菩薩勸誡王頌》一卷，唐義淨譯。

又根據西藏《布頓佛教史》所列，[8]龍樹最主要的論著有六種：
即《中論頌》、《七十空性頌》、《六十頌如理論》、《迴諍論》、《廣破經
論》和《假名成就論》。一九四三年，太虛大師中文大藏經中所收，
將所有龍樹著作為四類：

（一）宗論部：如《中論》《十二門論》等。

（二）釋經部：如《大智度論》等。

（三）集經部：如《福蓋正行所集經》。

（四）頌讚部：如《龍樹菩薩勸誡王頌》等。[9]龍樹的確是著作等
　　　身，對後代佛教的影響上而言，他的貢獻是至鉅的，所以後
　　　代人尊稱他為「第二釋迦」，又在釋迦之後，整個印度佛教
　　　史，幾乎無人可與龍樹的地位並駕齊驅，所以日本學者佐佐

8　英文本《西藏布頓佛教史》第一卷，頁50-51，Murti: "Thephilophy of Buddhism", p.
　　88，所引文。

9　〈法性空慧學概論〉，《太虛大師全集》第十三冊，頁780-786。

木月樵有如此地論說：

> 昔日各宗始祖立宗之時，未見有一人依據其所著之全體而立宗
> 者，或單依中論之三論宗，更有依其中之一頌之天臺宗，或十
> 住毘婆沙論中之一部份之淨土宗，無一而非僅依據他一論或一
> 品一句，部份地祖述龍樹者。[10]

龍樹思想之博大從前面所敘及的著作便可見一般，除此之外，在這裏
我們必須提及的是龍樹的著名弟子──提婆，他也是出身於南印度的
婆羅門家庭，以善辯著稱，從佛教發展史上來看，提婆以後，印度的
大乘空宗分為兩支：一支是羅睺羅系；另一支則為龍友系，而龍友系
的著名論師有佛護、清辨、月稱等。在西元八世紀中葉，清辨這一系
的大乘空宗經典寂護而傳入了中國西藏地方。

接著清辨系的智光曾在那爛陀寺和玄奘的老師戒賢論辯，我們知
道戒賢立三時教，所謂三時教，第一時小乘佛教講「有」，第二時中
觀學派講「空」，第三時瑜伽行派（大乘有宗）講「中道」，然而至於
智光也同樣立有三時教，而他所立的三時教則為：第一時小乘佛教講
「心境俱有」，第二時瑜珈行派講「境空心有」，第三中觀學派講「心
境俱空」，在此處不難看出清辨與智光的論辯顯然是在互爭空、有兩
宗的高低。

在此或我們要瞭解到，中國的三論（《中論》、《十二門論》、《百
論》）之學始傳於鳩摩羅什，此三書也都是羅什翻譯的，其時研究三
論者頗多，可說已略開三論宗之端緒。當到了隋唐之際，嘉祥大師吉

---

10 日本學者佐佐木月樵著：〈龍樹之中論及其哲學〉，《佐佐木月樵全集》（四）（東
京：國書刊行會，昭和四十八年〔1973〕）。

藏盛弘此宗。因而成為三論宗之極盛時期，眾所周知，在這三論之
中，《中論》、《十二門論》為龍樹之所作，而《百論》則為提婆所
著，由此可見，若沒有龍樹其人，那麼中國就不會有所謂的三論宗的
存在或流行了。

在此必須敘及的是智光的大乘空宗思想由華嚴宗所繼承，而至於
三論宗所繼承者則為羅睺羅系的大乘空思想，羅羅是釋迦牟尼的故鄉
毘羅衛淨德之子，關於這一點嘉祥大師吉藏在其大者《中觀論疏》卷
三中，有云：

> 羅睺羅法師，是龍樹同時人，釋八不，乃作常、樂、我、淨四
> 德明之。[11]

吉藏推尊羅睺羅為三論宗的三祖，後來羅睺羅傳給青目（Pingala），
他是屬婆羅門種姓曾為《中論頌》作注，接著再由青目傳給龜茲莎車
王、子須利耶蘇摩，之後傳給鳩摩羅什。

鳩摩羅什是翻譯「三論」的第一人，其弟子甚多，號稱三千，其
中最傑出者為十哲，這十位傑出的門生都是「一切皆空」理論的倡導
者。前面曾論及三論宗所繼承的為羅睺羅系的大乘空系思想，大乘空
宗是以《般若經》為根本經典，這般若理論能在中國傳播開來，除了
羅什的翻譯之外，還有十哲弟子們的努力闡揚，再而就是吉藏進行了
注釋、宣講，繼承了「三論」的緣起性空論、八不論、二諦論、中道
論等，在這期間他並把「三論」的理論系統化、條理化，更澈底地把
其精神思想發揮出來。關於「三論」傳至中國而後開始譯述弘通情
形。

---

11 《中論疏》卷三，（《大正藏》卷四十二，頁40，下）。

羅什三藏，姚秦之世，來至震旦，大翻經論，專傳此宗，四論
即是什師所翻，翻譯之美，古今流譽，深智之才，三國（天
竺、龜茲、震旦）所尊，門徒繞仰如眾星圍白月。朝代歸宗似
眾流會大海，史筆融叡並肩相承，影觀恆濟同志美贊，曰濟大
師繼踵弘傳，以授道朗大師，道朗授于僧詮大師，僧詮授于法
朗大師，法朗授于嘉祥大師。[12]

又云：

嘉祥大師本胡國人也，幼隨父來漢也，從法朗大師學三論，寔
是法門綱領，拔出古今，威德巍巍現象王之威，智辨明明，奪
日月之照，製作繁多，廣施部帙，三論法華並為心府，大小兩
乘，悉窮玄底，三論甚盛專在此師，諸祖之中，特定大祖，解
釋盡理，不可加之，遂以三論授高麗慧灌僧正。[13]

在這段文字中很清楚地說明了「三論」傳入中國及其弘通的情形，中
國的「三論」由羅什始傳，在此以前龍樹的著作並未傳至中上，其中
吉藏在闡發及注說「三論」方面是功不可沒的，其於青年時代住在會
稽嘉祥寺，傳布教化，因而獲得嘉祥大師之盛名，但是後來住在揚州
的慧日道場，長安的日嚴寺時撰述了大量的著作。然而著作中則多以
「胡吉藏」作為署名，所謂「胡」，所指的為西域，因為他本來是安
息人也。吉藏一生著作無數，[14]主要的有《中觀論疏》十卷，其他

---

12 引見平川彰著：《八宗綱要》（下）（東京：大藏出版株式會社、昭和五十六年
〔1981〕），頁559。
13 同註12。
14 吉藏的著作分：一、現存部分（（一）專論、（二）經典概論、（三）經論註釋）；

二、散佚部分。

一　現存部分

（一）專論

1　《大論》（五卷），（《大正藏》卷四十五）、《卍續藏經》冊九十七。

2　《三論玄義》（二卷），（《大正藏》卷四十五）、《卍續藏經》冊七十三。

3　《三論略章》（一卷），《卍續藏經》冊九十七）。

4　《二諦章》（三卷），《卍續藏經》冊九十七）。

5　《二諦義》（三卷），（《大正藏》卷四十五）、《卍續藏經》冊九十七。

（二）經典概論

6　《大品經遊意》（二卷），（《大正藏》卷三十三）、《卍續藏經》冊三十八。

7　《淨名玄論》（八卷），（《大正藏》卷三十八）、《卍續藏經》冊二十八。

8　《法華經遊意》（二卷），（《大正藏》卷三十四）、《卍續藏經》冊四十二。

9　《涅槃經遊意》（一卷），（《大正藏》卷三十八）、《卍續藏經》冊五十六。

10　《法華經玄論》（十卷），（《大正藏》卷三十四）、《卍續藏經》冊四十二。

11　《華嚴遊意》（一卷），（《大正藏》卷三十五）、《卍續藏經》冊三。

12　《彌勒經遊意》（一卷），（《大正藏》卷三十八）、《卍續藏經》冊三十五。

（三）經論註釋

1　《大品經義疏》（十卷），《卍續藏經》冊三十八。

2　《金剛般若疏》（四卷），（《大正藏》卷三十三）、《卍續藏經》冊三十八。

3　《仁王般若經疏》（六卷），（《大正藏》卷三十三）、《卍續藏經》冊四十。

4　《維摩經義疏》（六卷），（《大正藏》卷三十八）、《卍續藏經》冊二十九。

5　《維摩經略疏》（五卷），《卍續藏經》冊二十九。

6　《金光明經疏》（一卷），（《大正藏》卷三十九）、《卍續藏經》冊三十。

7　《法華義疏》（十二卷），（《大正藏》卷三十四）、《卍續藏經》冊四十二。

8　《法華統略》（六卷），《卍續藏經》冊四十三。

9　《勝鬘寶窟》（六卷），（《大正藏》卷三十七）、《卍續藏經》冊三十。

10　《無量壽經義疏》（一卷），（《大正藏》卷三十七）、《卍續藏經》冊三十二。

11　《觀無量壽經義疏》（一卷），（《大正藏》卷三十七）、《卍續藏經》冊三十二。

12　《中觀論疏》（二十卷），（《大正藏》卷四十二）、《卍續藏經》冊七十三。

13　《十二門論疏》（六卷），（《大正藏》卷四十二）、《卍續藏經》冊七十三。

14　《百論疏》（九卷），（《大正藏》卷四十二）、《卍續藏經》冊七十三。

15　《法華論疏》（三卷），（《大正藏》卷四十）、《卍續藏經》冊七十四。

二　散佚部分

1《大品般若經略疏》（四卷）　2《法華新撰疏》（六卷）　3《法華玄談》（一卷）

4《法華經科文》（一卷）　5《觀音經讚》（一卷）　6《涅槃義疏》（一卷）

7《仁王略疏》（一卷）　8《入楞伽儀心》（一卷）　9《淨飯王經疏》（一卷）

《法華經》《維摩經》《般若經》等的註釋，除了這些之外他還留存後世大量的講義等。

三

三論宗通常稱為空宗，然而三論宗的空與其他宗的空義則不同，其他宗或或指偏計所執或對所緣之境而言空，所以其空是對有言空，也就是，所謂的相對的空，三論宗的「空」是緣起性空，也正如《十論》「四諦品」中所云：

> 眾因緣生法，我說即是無，
> 亦為是假名，亦是中道義，
> 未曾有一法，不從因緣生，
> 是故一切法，無不具空者。[15]

在這引文中所提及的（Dharma）是指世界上森羅萬象的事物，沒有一種事物是不依賴於其他事物而獨立存在的自性，因為如此，所以都是「空」，關於此一問題，我們在閱讀《大智度論》時發現其中對「空」曾分別有三種類別，那就是所謂的：（一）分破空。（二）觀空。（三）十八空。[16]這三者若加以解析的話，或許可以這樣說：

（一）「分破空」　也就是天臺宗所說的析空法，若舉例來說，

10《盂蘭盆經略》（一卷）　　11《三論序疏》（一卷）　　12《中論遊意》（一卷）
13《中論玄》（一卷）　　　　14《中論略疏》（一卷）　　15《十二門論略疏》（一卷）
16《八科章》（一卷）　　　　17《龍樹提婆傳疏》（一卷）

15　《中論》「觀四諦品」，（《大正藏》卷三十，頁33，中）。
16　《大智度論》卷七十四，（《大正藏》卷二十五，頁581、頁583、頁584）。

以毯比喻，將毯分析到極微，無法再析的時候，便呈現空相，所以極微名為「鄰虛」，前面是占有空間的物質上說，如果從占有時間方面說的話，分析到剎那——最短的一念，沒有前後相，再也顯不出時間的特性時也可以現出空相來，由此分破的方法分析時空中的存在者而達到空的境地。

（二）「觀空」　這是從觀心的作用方面來說的，又比如觀毯為青，即為青毯，觀氎為黃，那就是黃毯等，這是較為具體的概念，再而由觀空的方法，知道所觀的外境是空，又例如：有一女人，冤仇看了生瞋，情人見了起愛，兒女見了起敬，鳥獸望而逃走，所以，好惡、美醜、這些都是隨能觀心的不同而轉變的，境無實體，所以名之為觀空。

（三）十八空　《般若經》著重在自性空所謂而當體即空的，我們又發現在《大智度論》中雖有三種空觀，可是就其意義上來考察，然均未分別澈底或不夠澈底，如果依照龍樹的論說，這三種空觀，都可以使人了解空義，雖然在瞭解上有深淺的不一樣，可是究竟還是不失為明空的一種方便，所以龍樹就把它引用了，其次是「觀空」，這是唯識宗等所用的空觀，這一方法，後來經部師也大加應用。

除了前面所論及者，還有一點我們必須注意的，那就是「觀空」與「分破空」的不同，「分破空」，因分析實而成立假名者為空的；而至於「觀空」，則在認識論的觀點，其所說明者為所觀境界的無所有。如此，觀空，仍同樣的不能達到一切法畢竟空，所以在這裏我們可以發現「觀空」僅限定它要以能觀的心以觀外境不可得的，所以應用「觀空」，如此才能達到有心無境的境界，有心境無，也可說是境空心有，當然這也不可以說是為了達到空義的方便，可是詮釋空的意義上似乎仍嫌不夠澈底，為什麼會這樣子呢？這就是因為分破空的學者們，承認有實自性是極微的，而由極微等合成的現象，成五蘊所和

合成的「我」都是假法，忽略了假法的緣起性，也就是說不承認一切法是緣起的，所以產生了空不夠澈底的現象，而龍樹所發揮的空義，是立足於自性空的，不是某一部分是空，而某些不空，同時也不是境空而心不空，《中論》一書的基本義理，大抵一出「緣起，無自性，性空中道」諸義，《中論》立足於這二項基本原則，而駁斥那些不合這些思想的學說，在這當中所提及的「緣起」，其所指的是宇宙間一切人、事的形成法則，也就是這世界上一切現象的根本原理，然而再從時間的綿延上，空間的組合上來看，宇宙間的一切現象沒有不是因緣和合而有的，這一點可以說是《中論》一書最根本的命題。

前面所論及的所謂「一切現象沒有不是因緣和合而有的」，那也就是說「一切法緣起」，然而這當中也蘊含著「一切法性空」的意義，因為因緣生起萬法，萬法自也就無本體、無自性、無自性就是性空，所以在《中論》「觀四諦品」中，有云：

眾因緣生法，我說即是無……無不是空者。[17]

又在《十二門論》中，云：

眾緣所生法，是即無自性，若無自性者，云何有是法。[18]

又在《大智度論》中，云：

一切諸法，因緣生故，無有自性，是為實空。[19]

---

17 同註15。
18 《十二門論》「觀因緣門」，（《大正藏》卷三十，頁159，下）。
19 《大智度論》卷七十四，（《大正藏》卷二十五，頁578）。

「空」，並不是空無所有的虛無，一切法性空，只是說一切事物之無自性而已，宇宙間森羅萬象，沒有一種不受因果律的支配，從所謂因緣生起，雖然或生或滅，或增或滅，或轉或變，變幻無極。然而沒有自性，這是什麼原因呢？假如有自性的話，那就無須因緣，自然而生了。然而宇宙萬有，不從無因生，不從一因生，必須眾多的因緣和合才生，這就沒有自性，沒有自性，就是空，可是在常人的心目中，總以為一切事，物都有固定模式的、不變的、自存的本體。關於這一點，所謂屬於自性見者，《中論》都認為是於感官或理性的謬誤執著，論主對這些都一概加以駁斥。

所以，凡是說實有，說實無、講自性、講他性，都是邪執，論主對這些也毫不保留地指斥，因此在《中論》「觀有無品」中，有云：

　　　若人見有無，見自性他性，如是則不見佛法真實義。[20]

由此我們可以理解到，論主以為這種「緣起性空」的道理，不只是宇宙一切現象的如實相，而且也是這一切現象所賴以形成的法則，倘若一切法不是性空的話，則必事事物物都有其自性，事物有其自性則必導致這世界的僵化、固定和靜態，再而若事物都有自性，則緣起現象必不可能產生，同時一切生滅現象也將不可能存在，所以從各個觀點考察看來，「一切法性空」這個命題是富有積極性與肯定性的，它不像一般人所誤解為消極與否定的命題了。關於以上所提及的這點觀念，在《中論》「四諦品」中曾有如此的說明，云：

　　　以有空義故，一切法得成；

20　《中論》「觀有無品」，（《大正藏》卷三十，頁30，上）。

若無空義者，一切則不成，
汝破一切法，諸因緣空義：
則破於世俗，諸餘所有法。
若破於空義，即應無所作；
無作而有作，不作名作看，
若有決定性，世間種種相；
則不生不滅，常住而不壞。[21]

又云：

若一切不空，則無有生滅；
如是則無有，四聖諦之法，
若諸法不空，無作罪福者，
不空何所作，以其性定故，
若無有空者，未得不應得；
亦無斷煩惱，亦無苦盡事。
是故經中說，若見因緣法，
則為能見佛，見苦集滅道。[22]

在《中論》「觀涅槃品」也云：

若諸法不空，則無生無滅；
何斷何所滅，而稱為涅槃。[23]

---

21 《中論》「觀四諦品」，（《大正藏》卷三十，頁33，上、頁34，中）。
22 同註21。
23 《中論》「觀涅槃品」，（《大正藏》卷三十，頁34，下）。

從前面所列舉各點看來，論主所要破斥的以及所要解釋的空義大旨，我們知道一切世界現象本來就是緣起的，本來就是性空的，而論主在這裏對宇宙的真相加以詮釋而已，當瞭解或了悟了這性空大義之後，那麼對世界上的一切現象才不至於固執地堅持其實者、實無、實是此、實是彼的情形。

四

在前文論及了一切現象本就是緣起的，性空的，如此方能不固執而遠離偏執，當然三論宗講「緣起」和「假名」，其最主要的目的是在要成立「空」論，然而表達「空」論，最根本的理解基礎則是「八不」，下文就來看看有關這個命題內容：

> 問：其八不者何？
> 答：不生、不滅、不斷、不常、不一、不異、不去、不來、遣八迷故說此八不，此即今宗所顯理也。
> 此宗釋一切法，有四種釋義，一依名釋義，二因緣釋義，三見道釋義，四無方釋義，一切法門以此可釋。[24]

以上所列舉的「八不」，青目利用問答方式，以穀和芽的比喻，對「八不」進行了通俗的解釋，云：

> 萬物無生，何以故，世間現見故，世間眼見初穀不生，何以故，離卻初穀今穀不可得，若離劫初穀有今穀者，則應有生，

---

24 凝然著《八宗綱要鈔》第五章「三論宗」，第五節「八不解釋」項，（龍谷大學，昭和四十三年〔1968〕5月21日）。

而實不爾,是故不生。

問曰:若不生則應滅。答曰:不滅,何以故,世間現見故,世間眼見初穀不滅若滅,今不應有穀而實有穀,是故不滅。問曰:若不滅則應常。答曰:不常,何以故?世現見故,世間眼見萬物不常,如穀芽時,種則變壞,是故不常。

問曰:若不常則應斷,答曰:不斷,何以故?世間眼見萬物不斷,如從穀有芽時,是故不斷,若斷不應相續。

問曰:若爾者萬是一,答曰:不一,何以故?世間眼見萬物不一,如穀不作芽,芽不作穀,若穀作芽,芽作穀者,應是一,而實不爾,是故不一。

問曰:若不一,則應異。答曰:不異,何以故?世間現見故,世間眼見萬物不異,若異者,何故分別穀芽、穀莖、穀葉,不說樹莖、樹葉、是故不異。

問曰:若不異,應有來。答曰:無來,何以故:世間現見故,世間眼見萬物不來,如穀子中芽無從來,若來者,芽應從餘處來,如鳥棲樹,而實不來,是故不來。

問曰:若不來,應有出:答曰,不出,何以故?世間現見故,世間眼見萬物不出,若有出,應具芽從穀出,如蛇從穴出,而實不爾,是故不出。[25]

龍樹是以此緣起不來顯示中道,八不,為形容緣起的語詞,在《中論》開首龍樹以此皈敬頌及佛經之禮敬,佛陀從八不來說緣起,且有人讚嘆以此滅外道之戲論,在這裏我們必須首先要了解的是龍樹所謂的「八不」是指什麼?又何謂「八不」?所謂八者,是指兩相對,也

---

25 《中論》「觀因緣品」,(《大正藏》卷,頁32,上、中)。

可說是分成四對，那就是生滅、常斷、一異、來出。

（一）「生滅」此一詞在佛法裏是重要的術語，三法印的諸行無常，這也就是依生滅而說明的，此生與滅，或說為有為──諸行的四相？生、住、異、滅，本無今有為生，有而相續為住，變化不居為異，有而還無為滅，在這裏如果我們更進一步地來說，住相合攝在異中，因為一切法都在不息地變化，沒有絕對的安住性，不過在生而未滅的當中，稱此相對的安定為住，此安住即是變化不定的，所以稱為住異。

再而有關生滅方面，佛法說「一見不可再見」因為一眨眼間，所見的似乎一樣，而早已不是原樣了。但是一般的生死流轉，是無始來就生而滅，滅而又生的，生滅滅生，構成一生生不已的生存輪轉、在這當中，我們也了解到一念這個問題，一念──剎那生滅，滅不是沒有了，還繼續地生滅滅生而形成一期的生死在生，它形成一生生不已的生命之流，這些都可稱之為生，一直到最後生死解脫之時，方才名之為滅，這或許也可說如原始佛教緣起說中強調的「此生故彼生，此滅故彼滅」的意義一樣。

（二）「常斷」在此，「斷」為中斷之意，也就是說不再繼續下去，當然這個命題是在破外道執有神我，如果有了這種所謂的常住的神我的話，那麼從前所生到後生，從人間到天上，前者也就是後者，持有這種有我論者，就會隨入到常見的一邊的，其次，又如順世論者方面，既不相信前世與後世、又認為現在有我的存在，當死後便什麼也沒有了。如果是這種情形的話，那是墮入了屬於斷滅者的一邊了。但是，佛法的根本精神並不是如此，它是以緣起生滅為出發點時的，以無常來破斥一般的墮入兩邊的常見者。

（三）「一異」一即同一，異即別異也。此處擬引用印順法師對此一詞之例子以明之，云：

1 茶壺的整體是一,壺上有蓋,有嘴,有把等是異,人是一,眼、
耳、手、足等是異,如果說得更清楚一點,全體即是一,全體內
的部分即是異也。[26]

2 如此個體而觀察此外的一切屋宇、鳥獸、魚蟲、草木等,此即
一,而彼彼即異,因為如此,所以異或可譯為種種,而這「種
種」,或可統攝於一,也就是所謂的「其大無外」的大一之意義。

（四）「來出」「出」又作「去」,從此到彼曰去,從彼到此為
來,「來出」,也可說是運動,世間的一切,我與法,舉凡有生滅變動
的,沒有不可說它是來出的。

前面所論說的四對,主要是在說明法的四相,它所強調的不外是
在詮釋一個東西無論是小到極為微細,大到全法界,沒有不具備這四
相的,這四者雖然看起來最普通,可是它卻是最主要的。

三論宗在這「八不」當中,除前面所列舉各項之外,其最根本的
是「不生」,因為有生必有滅,無生必無滅,只要「不生」能夠成立
起來,「不常亦不斷」等也很容易地成立起來了,所以吉藏在《中論
疏》卷一中,云:

以萬法皆是因緣,無有自性,以無自性,是故不生。[27]

所以在生、滅、常、斷、一、異、來、出的四雙八計,其中生、滅、
常、斷是時間的計執,一、異、來、出是空間的計執,這些計執都和
捨離妄見戲論的中道實相背道而馳。而眾生都把它當實在,以致墮於
無因、邪因、斷常等邪見之中,輾轉迷執,不得出離,於是對這些計

---

26 參見印順法師著:《中觀今論》一書,頁89-90,有關「一異」之解釋。
27 《中觀論疏》卷一「因緣品」,（《大正藏》卷四十二,頁6,上）。

執一──用「不」字來遮遣它,以顯無所得的中道實相,所以稱為八不中道,這是破邪,從而也就是顯正。

五

在前面已經論及三論宗原屬印度佛教中觀一系,而印度中觀系學說的特點就在用真俗「二諦」為中心來組織一切理論,「二諦」原是佛教(包括大乘教和小乘佛教)的一種「通義」。在《中論》「觀四諦品」中,有云:

> 諸佛依二諦,為眾生說法,一以世俗諦,二第一義諦,若人不能知,分別於二諦,則於深佛法,不知真實義。[28]

這段話是在說,所有的佛部依據二諦為眾生說法、第一依據世俗諦,第二依據真諦(第一義諦),如果有人不能分別及瞭解這三諦,那麼對深奧的佛法,就不知它的真正意義了。

如果從哲學的意義上來說,二諦中的「世俗諦」,它是指現象,指「事」,而「真諦」(第一義諦),則是指本體,指「理」,所以或許我們可以這樣說,所謂「二諦」其實就是現象與本體,或者說就是「事」和「理」。如果從宗教意義上來看的話,那麼「世俗諦」就是此岸世界、「真諦」就是彼岸世界了。

再而言之,至於怎樣為諦?諦是實在,說法雖異,而所對不同,不妨都成真實,因此當青目在解釋這兩頌時,曾經有如此的說明,世俗諦明虛妄法,但對於世界是實在,第一義諦明空法,但對於聖人是

---

28 《中論》「觀四諦品」,(《大正藏》卷三十,頁32,下)。

實在，同時在《中論》和《百論》也是如此說法，《百論》在「破空品」中，有云：

> 諸佛說法常依俗諦，第一義諦，是二皆實，非妄語也。[29]

這也就是三論宗「二諦」理論之依據之處，佛法主要在教化眾生從迷啟悟，從凡入聖，以二諦為立教之根本，對此二諦雖然有諸多不同的解說，然而其最主要乃是在使眾生從迷執界轉入到聖覺的境界，一般眾生因無明妄執，認為一切法為真實有的，由此引起生死流轉，如果要使眾生解脫，那麼必須了悟諸法是非實有的，悟得法性本空為勝義諦，故而青目《中論釋》「觀四諦品」，云：

> 世俗諦者，一切法性空，而世間顛倒故，生虛妄法，於世間是實，諸賢聖真知顛倒性故，知一切法皆空無生，於聖人是第一義，名為實。[30]

這二諦本是不離非空非有之諸法實相的，但凡聖二者執成為偏有，但空二種諦者，即有、空二諦，以此有、空二諦即稱為「於二諦」或「二於諦」，故吉藏在《大乘玄論》卷第十二諦義第八攝法，云：

> 於諦者，色等未曾有無，而於凡是有，名俗諦，約聖是空，名真諦，於凡是有名俗諦故，萬法不失，於聖是空名真諦故，有佛無佛性相常住。[31]

---

29 《百論》「破空品」，(《大正藏》卷三十，頁181，下)。
30 《中論》「觀四諦品」，(《大正藏》卷三十，頁32，頁下)。
31 《大乘玄論》卷第十、二諦義第八攝法，(《大正藏》卷四十五，頁23，中)。

蓋諸法實相，不待世俗執有而增，亦不待聖者體空而滅，故知此「二於諦」並非是究竟理竟，只是佛陀言教方便之所依而已，也就是如青目所釋云：「佛依是二諦，而為眾生說法」（《中論》「觀四諦品」），「是二諦」即「二於諦」，「為眾生說法」即是「教諦」，故吉藏又云：

> 教諦者，諸佛菩薩了色未曾有無，為化眾生，故說有、無為二諦教，欲令因此有無悟不有無，故有無是教，而舊義明二諦是理者，此是於諦耳。[32]

「舊義明二諦是理」，這是指三論宗以外之其它各宗派大多執二諦為理而言，執二諦為理之其它各宗派大多執二諦為理而言，執二諦為理之說，是不契佛意的，因為佛說有「二於諦」，只是佛為渡化眾生而假名安立之「教二諦」，而「教二諦」之目的，則在因真俗二諦而悟入真俗不二之中道。

再而關於「教二諦」，其主要在申「不可得空」之旨，如果再詳論之，則「教諦」又可開展為「四重二諦」，即：據《大乘玄論》第一卷，四重二諦之說如次：

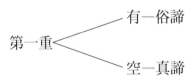

此破毘曇宗實有實空二諦，雖空而宛然假，雖有而宛然空。

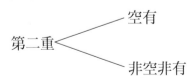

此破成實師假有空之二諦，即假有假空是俗，有空不二，故非有非空
是真。

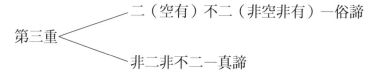

謂「對大乘師他依分別二為俗諦，依他無生分別無相不二真實性為真
諦，分明，若二若不二，皆是我俗諦、非二非不二，方是真諦。」[33]

　　二諦雖有四重，其實均在破斥一切有所得之說，而申「不可得
空」，三論宗之二諦義，除兩種二諦及四重二諦外，全由於當時各宗
派思想之刺激，因本於三論「畢竟空」「無所住」之旨趣，在理論上
作更進一步之開展與發揮。

　　至於二諦的教義，除了前面所舉者之外，吉藏在《三論玄義》卷
上也有云：

> 迷失二諦凡有三人：一者毘曇，執定性之有，迷於假有，故失
> 世諦，亦不知假有宛然而無所有，復失一真空；二者學大乘
> 者，名方廣道人，執於邪空，不知假有，故失世諦，既執邪
> 空，迷於正空，亦喪真矣。三者即世所行，雖具知二諦，或言
> 一體，或言二體，立二不成，復喪真俗也。[34]

對二諦的錯誤理解，甚至是迷惑不解的約有三種人，即毘曇為經典的
說一切有部教徒，他們主張有自性的「有」，不懂得是假有，於是迷
失了俗諦，也不知道假有，好像是「有」，實際上是無所有的「空」，

---

33 同註31、卷第一、二諦者，(《大正藏》卷四十五，頁15，下)。

34 《三論玄義》卷上，(《大正藏》卷四十五，頁6，上)。

這也迷失了一種實的「空」，還有就學習大乘佛教的方廣道人，主張錯誤的「空」，不知道虛假的「有」，所以迷失了俗諦。既然主張錯誤的「空」，對正確的「空」即迷惑不解，這也就喪失了真諦、再而就是世間人的一般認識，對真、俗二諦雖然都知道，或者說真、俗二諦完全等同，混然一體，或者說真、俗二諦，毫不相關，這樣，真俗二諦都成立不起來，又把真、俗二諦喪失了。三論宗認為，世間一切事物都是因緣和合的產物，因此都沒有自性，都是虛幻不實的，它就像鏡中月，鏡中花一樣，因此稱之為假有。

以下接著讓我們論析關於俗諦和真諦兩者的相待關係，吉藏在《二諦義》卷下，云：

俗不定俗，俗名真俗；真不定真，真名俗真[35]

這段引文是說，俗諦不是由俗諦本身規定的，要以真諦為其目標，所以稱為「真俗」，真諦也不是由真諦本身規定的，要以俗諦為其階梯，故稱為「俗真」，可見真諦和俗諦是相輔相成的，同時我們也可以說，真諦主要是在講「空」，而俗諦主要是在講「有」，在「空」與「有」的兩者之間，也可說構成了一對矛盾的關係，然而真諦的「空」不是空無，而是無自性，俗諦的「有」不是真有，而是幻有，故而真、俗二諦互相依存，互相聯繫，對立，雖然是如此，但是兩者間又可說是統一的。但是，這裏所說「統一」，並非所謂的「一體」，所以吉藏在《一諦義》卷中，有云：

明俗真義、真俗義，何者？俗非真則不俗，真非俗則不真；非

---

35 《二諦義》卷下，(《大正藏》卷四十五，頁112，上)。

真則不俗，俗不礙真，非俗則不真，真不礙俗，俗不礙真，俗
以真為義，真不礙俗，真以俗為義。[36]

這段文字清楚地把本來相互對待的真、俗二諦頗有相互等同的意義存
在。

前文我們論析了有關三論宗的「空觀」「八不」以及「二諦」，接
著下來要探討的是有關「中道」的問題，在三論中最重要的《中論》
是以「中」命名，根據《中論序疏》中解釋云：

以中為名者下第二釋論名題，但論有廣略二本略但云中論，廣
則加以觀也，然斯廣略皆有其義、所言略者，謂理教義也，中
是所詮之理，論是能詮之教，斯理不攝，無教不收。[37]

此段文字清楚地解釋了《中論》以「中」命名的意義。當然這個
「中」字也顯示了，通論三論，皆得顯「中」，又在《中論》「觀四諦
品」中，也云：

眾因緣生法，我說即是無：
亦為是假名，亦是中道義。[38]

在論空、假、中的關係時，最後歸結為「中道」，其次對因緣所生法
既承認其假名的一面，同時又見到性空的一面，那就是「中道」，除
此之外，三論宗認為「不二」是「中道」。在《大乘玄論》卷四中，

36 《二諦義》卷中，(《大正藏》卷四十五，頁95，上)。
37 《中論序疏》，(《大正藏》卷四十二，頁2，頁上)。
38 《中論》「觀四諦品」，(《大正藏》卷三十三，頁13，中)。

有云：

> 二是假名，不二為中道，中道即實相。[39]

這裏的「二」是指「有」與「空」，「不二」是指「非有」與「非空」，再而三論宗同樣認為「八不」也是「中道」，在《中論疏》卷二中，有云：

> 眾因緣生法，以果不偏在，因故不內，不偏在緣故不外，淨名云：法不屬因，不在緣，故以不偏在二邊故稱中道，問何故但說八事，答八事四對、一一相對，病無不破，中無不顯，即義無不足，但以四對，歷破眾計，歷明中道，於義略圓，故但說八也。[40]

「八不」不僅破除各種妄念，同時也闡明了中道義，「中道」是世界萬物的真實相狀，故而稱為「中道實相」，然而關於「實相」的內涵精神，有云：

> 虛空非有非無，言語道斷，心行處滅，即是實相。[41]

所謂的「中道實相」，其如虛空，既非「有」，也非「無」，既不能說，也不能想的如是神秘物者也。

39　《大乘玄論》卷四，(《大正藏》卷四十五，頁60，下)。
40　《中觀論疏》卷二，(《大正藏》卷四十二，頁24，中)。
41　《大乘玄論》卷四，(《大正藏》卷四十五，頁62，中)。

六

經過前面的論析及考察之後，可以很清楚地看出來三論宗的教義，可歸宿於破邪顯正，真俗二諦和八不中道三方面，但是破邪顯正一科，也可以包括其他一切的，即：

（一）《中論》破小乘兼破外道。

（二）《百論》破外道兼及其他。

（三）《十二門論》破小乘外道兼顯大乘義。

而此三論之破，是在「破邪即顯正」，也就是在破邪之外，不再另外建立顯正方而的，所以我們也可稱三論宗的宗旨，為無得正觀法門，而由無得正觀所顯的「至道」，或可稱之為「正」或「中」（即中道）。而所破的「邪」，即成為其所的「正」，這完全是從「空」的思想層面發展開來的。

其次，「真」「俗」二諦和「八不」的旨趣，大致上來說也和「破邪顯正」是一樣的，不過三論的二諦是「言教的二諦」，而至於瑜伽論系統的二諦，是「理境的二諦」，這點也可說是三論宗的特色。

在前面也曾提及三論宗的宗旨，是以龍樹的《中論》為標準的，其中心思想之所在，即是「八不中道」。此宗的本身立場，主要是把眾因緣生法否定為「空」，是外界一切法的否定，同時也即指一切法的無自性，再而把「空」稱為「假名」，這是屬心內空見的否定。由於內外的否定，於是才始能獲得絕對的中道，所以在這裏也說明了「緣起」是顯現在「一心」的，一切法是被「心」所統一的，緣起即是「空」，「空」即是實相（即中道），但就整體看來，三論的緣起自性空的立場，還是離不了一心的。換言之，「空」的立場及其內容，是要經由「一心」的積極統一，才有認識論上的價值，否則只不過是單純的實相論或緣起論罷了！

第一章

譯經事業與般若思想之東傳

一　漢譯佛典及佛教之東傳

在中國的佛典的漢譯方面，鳩摩羅什的譯經事業是相當的重要與偉大的，那就是說他的迻譯佛典而影響了以後中國佛教的發展，並且也刺激了中國學術思潮多向性的新開展！

羅什是活躍在姚秦時代的高僧之一，至於其生卒時間，則有數種說法，依據《出三藏記集》[1]卷十四的記載：

義熙中（405-418）說。

又據釋慧皎《高僧傳》卷二、「鳩摩羅什傳」（慧皎撰）

弘始七年（405）說。

弘始八年（406）說。

弘始十一年（409）說。

又釋道宣《廣弘明集》卷二十二、「鳩摩羅什法師誄」（僧肇撰）。

義熙九年（344）＝弘始十五年（413）說。

1　「鳩摩羅什傳」，〔梁〕僧祐撰：《出三藏記集》卷第十四，（《大正藏》卷五十五，頁102，上）。

　　然而就第一史料方面所云：「義熙中，長安卒」、以及第三史料：「癸丑之年（413）、年七十、四月三十薨於大寺」、所撰著為羅什的弟子僧肇（374-414），若非他人假筆的話，是最為可靠與信賴的，這裏所說的「癸丑之年」也就是東帝義熙九年，後秦姚與弘始十五年（413）歿也，又行年七十如果逆算的話，其生年則為東晉康帝建元二年（344）可知也。

　　近人湯用彤在《漢魏兩晉南北朝佛教史》及日人上原專祿《鳩摩羅什考》（一橋論叢第二十二卷第一號，昭二十四年）均主張以上之說，但是在〔隋〕費長房的《歷代三寶記》中並未見記載，〔唐〕智昇（658-740）的《開元釋教錄》也未敘及，又日人塚本善隆在其論著〈佛教史上における肇論の意義〉一文（收在《肇論研究》第二篇研究篇，創文社，1954年）中認為後世偽作或追加者，他推定羅什的生卒年為（350-409）。

　　第二史料方面，慧皎曾記云：「以偽秦弘化十一年八月二十日，卒於長安，是歲晉義熙五年也」。此生卒時間費長房在《歷代三寶記》卷三採從此說，但是，慧皎自己則懷疑云曰：「雖然什之死年月諸記不同，或云弘始七年（405），或云八年，或云十一年，尋七與十一年，字或訛誤」。[2]

　　故而綜觀前面所舉的各項資料看來，或以其門弟子僧肇所撰的「鳩摩羅什師誄」（《廣弘明集》卷第二十一所收）較為可採信，即（344-413），稍後〔梁〕慧皎的《高僧傳》也舉出了好幾種說法，如：弘始七年、八年、十一年等，沒有肯定為何年，但是傾向於十一年（即409）、這一說法是沿用了〔唐〕智昇著《開元釋教錄》。最近又日本學者塚本善隆對（344-412）的生卒年說法提出了質疑，他認

2　參考「高僧傳」，〔梁〕慧皎撰，（《大正藏》卷五十，頁333，上）。

為是三五○至四○九年，羅什卒時為六十歲的說法，雖然這一說法他作了諸多說明，但是就一般上來說仍然認為是前者，即（344-413）年較為可信。

二　羅什的譯經貢獻

鳩摩羅什在姚秦弘始三年（401）冬入長安，十五年（413）遷化，十餘年中，敷揚至化，廣出妙典，遂使「法鼓重震於閻浮，梵輪再轉於天北」（「僧肇什法師誄文」）、當時關中不少內地學者都被網羅到他的翻譯工作中，由數百人擴大到三千人，法筵之盛，今古罕匹。

羅什約於晉康帝之世（343或344），生於龜茲，其母為龜茲人，父為印度人，家世國相，什祖父達多，倜儻不群，名重於國，父鳩摩羅炎（或作琰），聰明有懿節，棄相位出家，東度蔥嶺，投止龜茲（祐錄云：「將嗣相位，辭避出家，吉藏《百論疏》云：「國破投龜茲」），龜茲王迎為國師，並以妹妻之，因生羅什，他七歲隨母出家，先學小乘「毗曇」九歲隨母至罽賓，從槃頭達多學中，長「阿舍」，後至月氏、沙勒、在沙勒學《大足》（即六部論著、《異門足論》、《法溫足論》、《施設足論》、《識身足論》、《品類足論》、《異身足論》，均屬小乘一切有部的六論）和《增一阿含》等經論。

除此之外，還從佛陀耶舍學《十誦律》，此時羅什是位小乘學者，後來羅什到了莎車（莎車王子）從須利耶蘇摩學習大乘教義，並且接觸到了《中論》《百綸》二經，廣誦大乘經論，洞其奧秘，[3]從此羅什就成長為大乘學者。

當羅什於姚興弘始三年（401）至長安，於十五年癸丑（413）四

3　同前註1，（《大正藏》卷五十五，頁100，下）。

月十三日薨於大寺，時年七十[4]。長安西晉已有竺法護譯經，而帛法
祖講習，弟子幾且千人，可見其時長安佛法甚盛。及至苻堅建都長
安，因釋道安、趙文業之努力，長安譯經遂稱重鎮。長安之譯經，始
於法護，盛於道安、羅什的譯經，《高僧傳》云：「什公長安譯經三百
餘卷，《祐錄》卷二著錄二十五部，二百九十四卷」。[5]

關於譯經方面，在《高僧傳》卷三中有云：

> 其後鳩摩羅什碩學鈎深，神鑒奧遠，歷遊中土，備悉方言，復
> 恨支竺所譯，父製古質，未盡善美，迺更臨梵本，重為宣譯，
> 故致今古二經，言殊義一，時有生、融、影、叡、觀、恆、
> 肇，皆領悟言前。辭潤殊玉，執筆承旨，任在伊人，故長安所
> 譯，鬱為稱首，是時姚學竊號，誇有皇畿，崇愛三寶，城塹遺
> 法，使夫慕道來儀，遐邇煙萃，三藏法門，有緣必覩，自像運
> 東遷，在茲為盛。[6]

唐道宣在《續高僧傳》卷五中亦云：

> 往者，西凉法讖，世號通人，後秦童壽，時稱僧傑，善披文意，
> 妙顯經心，會達言方，風骨流便，弘衍於世，不虧傳述。[7]

4　見僧肇誄文。除外《高僧傳》卷二，也有不同的記載，云：「然什死年月諸記不
　　同，或云弘始七年，或云八年，或云十一年，尋七與十一字或訛誤，而譯錄傳中猶
　　有一年者，恐雷同三家無以正焉」（《大正藏》卷五十，頁333，上）。

5　《名僧抄》作三十八部，二百九十四卷；而《祐錄》十四，則作三百餘卷。

6　《高僧傳》卷三，〔梁〕慧皎撰，（《大正藏》卷五十，頁三四五，下）。

7　《續高僧傳》卷五，〔唐〕道宣撰，（《大正藏》卷五十），至於在所引的此段文字當
　　中提及的法讖是提曇無讖，而童壽則是指鳩摩羅什。

由此兩段文字中，說明了當時羅什門下助譯經典者均為學問文章，都
是極為優秀，對於教理之契會，譯籍之瞭解，尤非常人所可企及也。
至於當時羅什到長安以前，佛經的翻譯情形在《高僧傳》譯經備卷三
之中所云，自後漢的攝摩騰以下南齊的求那毗地為止，計有三十五人
譯經者的傳記載錄其間，其中攝摩騰與竺法蘭在後漢明帝時把佛教傳
入中國，在洛陽開始翻譯《四十二章經》，然而若除了一般所熟知有
關譯經的史實外，在佛教學上，尤其是在鳩摩羅什以前最受注意者，
則要推算以下諸賢了，如：

　後漢：安世高（安息國）《安般守意經》、《陰持入經》等三十四部
　　　　四十卷。支讖（月支國）《般若道行品經》、《般舟三昧經》、
　　　　《阿閦佛國經》等。
　吳　：支謙《維摩詰經》、《法句經》等三十六部四十八卷。
　西晉：無羅叉（于闐國）《放光般若經》。竺法護《光讚般若經》、
　　　　《正法華經》、《無量壽經》、《維摩詰經》、《漸備一切智德
　　　　經》等九十部二百六卷。
　東晉：僧伽提婆（罽賓）《中阿含經》、《阿毘曇八犍論》等六部百
　　　　六十卷。

其中後漢的安世高與支讖大約是同時代人，專門翻譯經典，在譯經上
是眾所知曉的。再而大乘經典的翻譯最多，且在中國佛教史上有相當
的成績和貢獻的，當推竺法護了。除此之外，在三世紀後半，譯經的
事業仍是極為興盛，鳩摩羅什到中國為五世紀左右，就當時情形來看
譯經的代表，北長安為鳩摩羅什，南建康為佛馱跋羅，西涼州的曇無
讖三者為中心，此時可說是譯經最盛時期，然而至於經典的翻譯，
如：鳩摩羅什翻譯《般若經》《維摩經》《法華經》《阿彌陀經》等，

又佛陀跋陀羅翻譯《華嚴經》、曇無讖翻譯《涅槃經》、《金光明經》等，這的確在中國佛教界占了核心的地位，現有關鳩摩羅什所譯的經典臚列於下：

（一）羅什譯經的數量

  1 《祐錄》卷二說是：「三十五部、凡二百九十四卷」。

  2 〔梁〕《僧傳、羅什傳》云：「凡三百餘卷」。

  3 〔隋〕費長房《歷代三寶記》卷八云：「九十八部，四百二十五卷」。

  4 〔唐〕道宣《內典錄》卷三云：「九十八部，合四百二十五卷」。

  5 〔唐〕智昇《開元釋教錄》卷四云：「七十四部，三百八十四卷」。

從前面所列舉的各個不同的卷數看來，或許我們對其所迻譯的經卷數目大約在三百卷以上，應該是可以肯定的。

（二）羅什所譯的典籍，約有：

  1 《摩訶般若波羅密經》即《大品》三十卷。

  2 《小品般若波羅密經》十卷。

  3 《金剛般若波羅密經》一卷。

  4 《妙法蓮華經》七卷。

  5 《維摩詰經》三卷。

  6 《思益梵天所問經》四卷。

  7 《佛藏經》四卷。

  8 《阿彌陀經》一卷。

  9 《大智度論》一〇〇卷。

  10 《中論》四卷。

11《十二門論》一卷。

12《百論》三卷。

13《大莊嚴經論》十五卷。

14《成實論》二十卷。

15《十住毘婆沙論》十二卷。以上為論書

16《馬鳴菩薩傳》一卷。

17《龍樹菩薩傳》一卷。

18《提婆菩薩傳》一卷。～以上為傳記類

19《十誦律》六十一卷。～以上為律研究資料

羅什在譯經的成就方面來說，其對引進新思潮，邏輯與哲學上都有極大的貢獻的，至於其在譯經的情形又是如何呢？我們或可以下列諸文字中窺見一般，首先在《祐錄》卷八，僧叡《大品經序》有云：

> 以弘始五年，歲在癸卯，四月十三日，於京城之北逍遙園中出此經，法師手執胡本，口宣秦言，兩釋異音，交辯文旨，秦王躬攬舊經，驗其得失，諮其通途，坦其宗致與諸宿舊義業沙門釋慧恭、僧䂮、僧遷、寶度、慧精、法欽、道流、僧叡、道恢、道標、道恆、道悰等五百餘人，詳其義旨，審其文中，然後書之。[8]

《晉書》卷一一七《載記》第十七「姚興上」裏也有云：

> 興如逍遙園，引諸沙門于澄玄堂聽鳩摩羅什演說佛經，羅什通辯夏言，尋覽舊經，多有乖謬，不與胡本相應，興與羅什及沙

8　〔梁〕僧叡：《大品經序》，《祐錄》卷八，（《大正藏》卷五十五，頁53，中）。

門僧略，僧遷、道樹、僧叡、道坦（恒）、僧肇、曇順等八餘人，更出《大品》、羅什持胡本，興執舊經，以相考校，其新文異舊者，皆會於理義。[9]

僧叡在《思益經序》云：

幸遇鳩摩羅什法師於關右，既得更譯梵音，正文言於竹帛，又蒙披釋玄旨，曉大歸於句下，於時諸悟之僧二千餘人，大齋法集之眾，欣務難遭之慶，近是講肆之來，未有其比。[10]

僧肇在《維摩詰經序》中，云：

以弘始八年，歲次鶉火，命大將軍常山公，右將軍安成侯，與義學沙門千二百人，於常安大寺，請羅什法師重譯正本，什以高世之量，冥心真境，既盡環中，又善方言，時手執梵文，口自宣譯，道俗虔虔，一言三復，陶冶精求，務存聖意。[11]

僧叡《大智度釋論序》（見《祐錄》卷十）云：

……乃集京師義業沙門，命公卿賞契之士五百餘人，集於渭濱逍遙園堂，鸞興伫駕於洪涘，禁禦息警於林問，攬玄章，考正名於胡本，諮通律要，坦夷路於來踐，經本既定，乃出此《釋論》、《論》之略本有十萬偈，偈有三十二字，並三百二十萬

9　《晉書》卷一一七，《載記》第十七「姚興上」，（北京：中華書局，1974年）。

10　僧叡著：《思益經序》，（《大正藏》卷五十五，頁58，上）。

11　僧肇著：《維摩詰經序》，（《大正藏》卷三十八，頁227，中）。

言，胡夏既乖，又有煩簡之異，三分除二，得此百卷，於《大智》三十萬言，玄章婉旨，朗然可見，歸途直達，無復惑趣之疑，以文求之，無間然矣。[12]

羅什在譯經方面十分謹慎，而得相當高的評價，雖然如此，但也不能毫無缺失，關於這點，或可列舉些評論文字來考察比較，例如：

（一）僧叡在《大智釋論序》中曾率直指出說：

法師於秦語大格，唯譯〔識〕一法，方言殊好，猶隔而未通，苟言不相喻則情無由比，不比之情則不可托悟懷於文表，不喻之言，亦何得委殊塗於一致，理固然矣，進欲停筆爭是，則校竟終日卒無所成，退欲簡而便之，則負傷手穿鑿之譏，以二三唯案譯而書，都不備飾。[13]

（二）僧叡在《大品經序》中亦評云：

胡音失者，正之以天竺，秦言謬者，定之以字義，不可變者，即而書之，是以異名斌然，胡音殆半，斯實匠者之公謹，筆受之重慎也。[14]

（三）僧叡又在《思益經序》中清楚地說：

此經天竺正音名毗絕沙真諦（Viscsacinta），是他方楚天「殊

---

12 僧叡著：《大智度釋論序》，（《大正藏》卷五十五，頁75，上）。

13 同前註12，（《大正藏》卷五十五，頁75，中）。

14 同前註8。

特妙意」菩薩之號也,詳聽什公傳譯其名,翻復展轉,意似未盡,良由未備秦言名實之變故也,實其語意,會其名旨,當是「特意」,非「思益」也,直以未喻「特」義,遂用「益身」,其言益者,超絕殊異妙拔之稱也,思者,進業高勝自強不息之名也,舊名「特心」,最得其實。

(四)僧肇在《百論序》中分析,云:

> 弘始六年,歲次壽星,集理味沙門,與什考校正本,陶練覆疏,務存論旨,使質而不野,簡而必詣宗致,劃爾無間然矣。[15]

以上所敘及各經典論的序文文字,均對羅什所譯之典論作了批評,例如:僧肇所云者,其中指出羅什翻譯之特點,是針對舊譯的得失說明的。如:支謙偏於「麗」,羅什則正之以「質」,竺法護失之「技節」,羅什則糾之以「簡」,這幾點可說非常的忠肯與確實。然而我們衡之當時譯經情形,羅什所譯傳的大乘龍樹學,應該是大乘最初組織起來的理論,大乘經從西元一世紀末開始流行,在那時各經的思想並不一致,乃是龍樹第一次把它們加以整理,組織成為有系統的學說,然而羅什在中國譯傳,這些經論則約在龍樹死後一百年左右,從時間的間隔上而言,羅什在傳譯龍樹的學說及思想的理解方面應該是可以肯定且信實的。

在中國佛教史上有所謂的「四大譯師」(即:羅什、真諦、玄奘、不空),其中羅什,在譯經方面的成績上而言,的確是非常宏偉,尤其是他首先漢譯了《大智度論》、《中論》、《十二門論》、《百

---

15 同前註10。

論》，這些經典的翻譯以及羅什的宣講弘傳，所以說其對後來中國佛教的影響是十分深遠的。至於此四論的內容、均各有主旨與特徵。

（一）《中論》：正破小乘，兼破外道等，顯大乘義。

（二）《百論》：正破外道，傍破自餘，顯大乘義。

（三）《十二門論》：並破小乘外道，正顯大乘深義。

（四）《大智度論》：為《般若經》之注釋。

對以上各種問題的說明，頗有百科全書之特性，屬對理解大乘佛教教理的重要文獻及參考書。

關於《四論》在此擬稍作解說，首說《中論》此經全書二卷，羅什在弘始六年（404）譯者，至於其中偈頌與長行，偈頌為聖提婆所作，長行則為婆藪開士所釋，《中論》主要是「顯正」，闡大乘的觀行，《百論》主要是在「破邪」，內容方面分為「捨罪福品」等十品，明捨罪捨福及能捨的空三相智，顯示佛的漸捨之教，屬於「顯正」等。《十二門論》一卷，同為羅什在弘始十一年（409）譯此經典，在十二門各自有一偈，附有龍樹偈的註釋。《十二門論》只有漢譯，西藏、梵本均無。以上三論嘉祥大師均都各自作了註釋，日本三論宗學匠安澄（763-814）所著的《中論疏記》二十卷，對《中論疏》的理解上來說是一本頗有助益的論著。

其次，《大智度論》百卷，為羅什在弘始七年（405）所譯者，這是《大品般若經》九十品之註釋，《大智度論》梵文原典份量極為龐大，羅什自初品無省略譯了三十四卷，第二品以下則只擇其重點翻譯，九十品全部百卷。

以上四論，其中心理論，是諸法性空的中道實相論，這就是說世間、出世間，有為，無為等一切萬有只是眾多的因緣和合而生，所以無自性，無自性即畢竟空無所得，但為引導眾生而用假名來說有，這也就是所謂中道義，再而當時，羅什門下所以能對兩晉時期出現的

《般若》系統的「六家七宗」加以駁斥批評，揆諸其中主因，乃因為他們對於《般若》「性空」之思想學說有了更準確的理解與認識，然而他們的前人卻未能做到這一點，自羅什漢譯了此四論之後，在中國佛教思想研究方面便更進到另一個境地。

羅什門下弟子號稱三千，有關四聖之稱者：僧肇、僧叡、道生、道融、再加上，道恆、曇影、慧觀、慧嚴，則為八宿，之外，僧㯤、僧遷、法欽、曇無成、僧導、僧業、僧嵩等三十數人之眾。當羅什圓寂後，僧肇、道融、僧㯤仍留在長安，而道生、慧嚴、慧觀、僧叡、僧苞、曇無成、道溫、僧導等則南移，羅什的大乘佛教於是傳入了江南一帶，成了南北均共鑽研的佛教宗派，其中尤其一提的是僧導系發展為成實學派，僧嵩系統則在南方發展為新三論。而至於僧㯤則仍留在北方，為設置僧尼制度之僧官，後來成了國內的僧主。[16]

三　羅什的般若思想

在文章前面曾經敘及了羅什在中國佛教史中，他是一位相當重要的譯經家，從他所主持翻譯作品中看來，所譯者大部份是屬於大乘佛教的經典，於是，由此讓人不難理解到他應該是一位大乘佛學的高僧，同時其思想精神也應屬於大乘空宗方面，以下就擬從這方面來探討、分析其思想內涵，例如：僧祐、慧皎涉及羅什思想的兩篇《羅什傳》：

> 1 ……什進到沙勒國，頂戴佛鉢，心自念言，「鉢形甚大，何其輕耶」，即重不可勝，失聲下之，母問其故，答曰：兒心

---

16 〔梁〕慧皎撰：〈僧㯤傳〉，《高僧傳》，（《大正藏》卷五十，頁363，中）。

有分別，故缽有輕重耳。[17]

2 時有莎車王子，……須耶利蘇摩……為什說《阿耨達經》，什聞陰界諸入，皆空無相，……什方知理有所歸，遂專務「方等」。[18]

3 羅什改宗，打算以大乘空宗教義化導他的小乘老師槃頭達多，遂從龜茲再到罽賓。[19]

4 羅什雅好大乘，志在敷演，常歎曰：「吾若著筆作大乘阿毗曇，非迦旃子比也，今深識者既寡，將何所論」。[20]

其次，又在《羅什大義》[21]一書中也可發現一些敘及羅什思想方面的資料：

1 佛法身者，同於變化……如鏡中像，水中月……幻亦如是，法身亦然。法身可以假名說，不可以取相求。

2 諸法實相者，假為如，法性、真際，此中非有非無尚不可得，何況有、無耶？[22]

又，

1 若如實得諸法性相者、一切議論所不能破，名為如……如是諸法，性性自為，是名法性也、更不求勝事、爾時心定、盡

---

17 《高僧傳》卷第二，(《大正藏》卷五十，頁330，中)。

18 《高僧傳》卷第二，《大正藏》卷五十，頁330，下)。

19 參考《高僧傳》卷第二，(《晉書》卷九十五，北京：中華書局)。

20 同前註19。

21 《羅什大義》，(《大正藏》卷四十五，頁122，下、頁127，上)。

22 同前註21，「次答如法性真際」，(《大正藏》卷四十五，頁135，下)。

其邊極，是名真際，是故其本是一義，名為三如、道法是一，分別上、中、下，故名為三乘，初為如，中為法性，後為真際，真際為上，法性為中，如為下，隨觀力故，而有差別。（同前）[23]

2 所觀之法，滅一切戲論，畢竟寂滅相，此中涅槃相，生死相尚不可得，何況四大、五根，如是不應以四大、五根為實。[24]

又，

3 空法門者，五陰，十二入，十八性，十二因緣，從本以來，無所有，畢竟空。[25]

4 眾緣生法，非有自性，畢竟空寂，……眾緣生法，則無自性，畢竟常也，從本以來，無生相。[26]

5 為鈍根眾生故，說無常、苦、空……令斷愛，得解脫，為中根眾生故，說一切法無我，安穩、寂滅、泥洹，是眾生聞一切無我，……即斷愛，得解脫，為利根者，說一切法從本已來，不生不滅，畢竟空，如泥洹相，……（同前）[27]

　　除了以上所提及者外，我們從另一些，比如：僧肇、僧叡所寫的若干篇經論序文中，也可窺察到羅什的思想，如：
（一）僧叡的《大品經序》有云：

---

23 同前註21，（《大正藏》卷四十五，頁136，上）。

24 同前註21，「重答法身義」。

25 同前註21，「答分破空義」。

26 同前註21，「法實有義」。

27 同前註26。

肩龍樹之遺風，振慧響於此世。[28]

（二）僧叡的《大智釋論序》有云：

常仗茲《論》為淵鏡，憑高致以明宗。[29]

（三）遠慧的《大智論抄序》有云：

宏才博見，智周群籍，玩服斯《論》，佩之彌久。[30]

（四）僧肇在《百論》序文中有云：

常味詠斯《論》，以為心要。[31]

（五）僧叡在《中論序》也有云：

《百論》治外以閑邪，斯文袪內以流滯，《大智釋論》之淵博，《十二門》觀之精詣，尋斯四者，真若日月入懷，無不朗然鑒徹矣。[32]

就上面所列舉的文字比較考察看來，羅什是澈底地依《四論》發展的，雖然他在年輕的時候，熏習了小乘經典，並且也翻譯了《法華》

28　同前註14。
29　僧叡著：〈大智度論序〉，《祐錄》卷十，（《大正藏》卷五十五，頁75，上）。
30　遠慧著：〈大智度論序〉，《祐錄》卷十，（《大正藏》卷五十五，頁76，上）。
31　僧肇著：〈百論序〉，《祐錄》卷十一，（《大正藏》卷30，頁1，上）。
32　僧叡著：〈中論序〉，《祐錄》卷十一，（《大正藏》卷30，頁1，中）。

《維摩》等一些屬於大乘有宗的經典，但是他的思想仍然沒有改變，應該是一位發揮龍樹的大乘教義，《般若》《三論》或《四論》大乘空宗系統的佛學家。

結論

　　佛經的翻譯，在中國漢地較早的重要人物約有兩人，一是以翻譯小乘佛典籍的安世高，而另一位則是支婁迦讖，他主要翻譯的是大乘佛典。他們都是在東漢桓帝時來到洛陽，除此之外還有支謙、康僧會等。後來從西晉到東晉十六國期間，參與佛典翻譯的人逐漸增多，在佛教史上的成就引人注目。當初佛教傳入中土，一般人對佛教教義的理解甚為陌生，產生不少偏差現象，所以有所謂「六家七宗」的論說流傳。然而經鳩摩羅什的譯籍和僧肇、僧叡、道生、道融、慧觀等人對經義的疏解後，這些偏差才漸漸糾正過來。期間羅什翻譯了大量的大乘佛典，大家對佛也有較深的認識。就譯經事業而言，對中國社會，或文化的引進；邏輯哲學思想的開啟，再而對印度佛教的大乘空宗教義廣泛的流通也起了很大的作用，像春風一樣吹散開來。

第二章

吉藏《中觀論疏》之結構及其內容

前言

　　三論宗學由印度傳到中土，大約在五世紀初期，由於中印間的一些佛教傳化者的努力與推介，所以對中國的佛教歷史之發展產生了極大的影響，當時鳩摩羅什（Kumarajiva, 344-413），是一位知識淵博的大譯經家，他首先中譯了龍樹（Nagarjuna）的《中論》（madhyamaka-sastra），同時也將青目（Pingala）的注釋也一併譯出，這就是今天我們所看到的《中論》的四卷本，龍樹在製成《中論》的時候，他是以《般若經》的「空」與「中」的思想作為基礎，進而將它組織體系化起來，當《中論》的研究風氣在中國佛教界傳開之後，接著又譯出了《百論》與《十二門論》，這兩部經典，這樣一來，再加上前面的《中論》，於是，這三部經典便成了大乘佛教的理論軸心，漸漸地在中國的土地上傳佈弘化，師弟傳承，形成學統，自梁代以降，在江南一帶羅什在譯述經典及教義的宣揚上是功不可沒的。

　　三論所指的是《中論》《百論》及《十二門論》，這三部經典被譯出的時間為：

　　（一）《百論》是弘始六年（404）。

　　（二）《中論》及《十二門論》則同在弘始十一年（409）。

　　（三）《十二門論》《中論》均屬龍樹的著作，且《十二門論》的內容與《中論》頗為相似，而至於《百論》則為龍樹的弟子提婆（Aryadeva, 170-270）所作的，後來又增加了另一經典，名叫《大智

度論》（Mahaprajnaparamita-sastra），近些年來學術界疑這部經典是不是龍樹所作的？此經典的內容大致來說是《大品般若經》的注釋，雖然如此，但並沒解釋得十分透澈，然而此經為什麼被懷疑並非龍樹所作的呢？其理由約略可歸納為以下數點：

1 據說龍樹是住在南印度，《大智度論》的內容與西北印度的關係較深，對南印度則顯有輕蔑的現象，《大智度論》詳說與批判一切有部的教理，而有部是為西北印度的一部派。

2 《大智度論》內容豐富地講說本生譚，且是配合西北印度的地名而講說的。

3 《大智度論》雖引用了龍樹的弟子提婆的《四百觀論》，但是後來同時又說是引用羅睺羅跋陀羅（Rahulabhadra）的著作，除此之外，還可以發現《大智度論》與《十住毘婆沙論》在教理上的矛盾處等，由此可見《大智度論》的作者應該是後人所作的可能性較大，[1]雖然如此，但《大智度論》還是大乘佛教中一部相當重要的經典。

　　三論宗在中國的佛教發展上而言是有它極深遠的影響性的，而在此羅什則應該是此宗的開山祖，其弟子號稱三千，有關內四聖之稱者：僧肇、僧叡、道生、道融、再加上，道恆，曇影、慧觀、慧嚴，則為八宿之外，僧㪍，僧遷、法欽、曇無成、僧導、僧業、僧嵩等三十數人之眾，當羅什圓寂後，僧肇、道融、僧㪍仍留在長安，而道生、慧嚴、慧觀、僧叡、僧苞、曇無成、道溫、僧導等則南移，羅什的大乘佛教於是傳入了江南，成了南北共鑽研的佛教宗派，之後，一直傳到唐代的嘉祥大師吉藏，注疏論說，不斷弘通，把三論宗發展到了最鼎盛時期！

---

1 參見平川彰著：《インド佛教史》下卷（東京：春秋社，1979年），頁39-40。

一　吉藏與三論

　　吉藏（549-623），祖籍安息國人，俗姓安，祖父來華，初居南方交廣間，後遷建康，吉藏七歲時，從法朗（507-581）出家，善傳其業，陳亡，隋陷建康，避亂於越州嘉祥寺，盛說教、著書，其重要著述，皆成於此，遂呼為嘉祥大師，他一生中曾「講三論一百餘遍，法華三百餘遍」，[2]吉藏平時除了宣講弘法之外，其在著述方面的數量也相當的豐富，就目前留存下來者而言，約有二十六部共一一〇卷，現在這些著論都收錄在《大日本續藏經》及《大正新修大藏經》之中。[3]

2　〔唐〕道宣：〈唐京師延興寺吉藏傳〉（《大正藏》本唐道宣續高僧傳卷十一），其文云：「講三論一百餘遍，法華三百餘遍，大品、智論、華嚴、維摩等各數十遍，並著玄疏，盛流於世」。

3　《大日本續藏》及《大正新脩大藏經》所收錄《吉藏》的二十六部論著名稱，如下：

	經名	卷數	所收	所收
1	《大乘玄論》	五	《續藏》二	《大政藏》四五
2	《涅槃經遊意》	一	《續藏》一	《大政藏》三八
3	《華嚴經遊意》	一	《續藏》一	《大政藏》三八
4	《法華經遊意》	一	《續藏》一	《大政藏》三四
5	《法華經玄論》	十	《續藏》一	《大政藏》三四
6	《法華經義疏》	十二	《續藏》一	《大政藏》三四
7	《法華經統略》	六	《續藏》一	《大政藏》
8	《淨名玄論》	八	《續藏》一	《大政藏》三八
9	《維摩經義疏》	六	《續藏》一	《大政藏》三八
10	《維摩經略疏》	五	《續藏》一	《大政藏》（缺）
11	《勝鬘經寶窟》	六	《續藏》一	《大政藏》三七
12	《無量壽經義疏》	一	《續藏》一	《大政藏》三七
13	《觀無量壽經義疏》	一	《續藏》一	《大政藏》三七
14	《金光明經疏》	一	《續藏》一	《大政藏》三九
15	《金剛般若經疏》	四	《續藏》一	《大政藏》三三

　　吉藏在中國佛教史的發展長河中，或許可以如此地加以劃分：在吉藏之前的中觀哲學，主要分成兩個階段，一是鳩摩羅什來長安（401）以前的早期般若學，而另一則是鳩摩羅什到嘉祥大師吉藏之間的三論哲學，而至於所謂的「般若學」，就其內容來說，這一期（179-401年）所譯出的《般若經》為研究的對象，其所採用的方法則是「格義」的，[4]同時般若經被譯出的數量也極多，[5]當時般若經的

	經名	卷數	所收	所收
16	《仁王般若經疏》	六	《續藏》一	《大政藏》三三
17	《大品經遊意》	一	《續藏》一	《大政藏》三三
18	《大品經義疏》	十	《續藏》一	《大政藏》（缺）
19	《彌勒經遊意》	一	《續藏》一	《大政藏》三八
20	《三論玄義》	一	《續藏》一	《大政藏》四五
21	《中觀論疏》	十	《續藏》一	《大政藏》四二
22	《十二門論疏》	三	《續藏》一	《大政藏》四二
23	《百論疏》	三	《續藏》一	《大政藏》四二
24	《法華論疏》	三	《續藏》一	《大政藏》四〇
25	《二諦義》	三	《續藏》一	《大政藏》四五
26	《維摩經遊意》	一	《續藏》一	《大政藏》四八

4　東晉（317-420）在建康建都，漢文化於是向南方推進，同時也帶動了南方佛教的興盛情形，當佛教傳來時，一般都信奉禮拜黃老，然而佛教般若「空」思想與中國老莊「無」的思想頗為一致，於是便以老莊思想為媒介來理解或說明佛典。又東晉時期的貴族們盛行清談及玄學之風，在此情形下，例如：高僧支遁（道林）及竺道潛等在會稽山一帶談老莊、般若、維摩等佛典，而平時常與會的名士則有：謝安、王洽、劉恢、殷浩、許詢、郗超、孫綽、王羲之等。在《晉書》卷六十七〈郗超傳〉中有云：

　　　沙門支遁，以清談，著名於時，風流勝貴，莫不崇敬，以為造微之功，足參諸正始。

又孫綽在其所著《道賢論》中提及支遁可與老莊學者向秀相媲美，云：

　　　支遁向秀，雅尚老莊，二子異時，風好玄同矣。

研究學者，根據〔陳〕慧達的《肇論序》所云：

> 自古自今，著文著筆，詳汰名賢所作諸論或六、七宗，爰延十二。[6]

而〔唐〕元康的《肇論疏》卷上序則注說：

> 或六家、七宗，爰延十二者……宋，莊嚴寺釋曇濟，作《六家七宗論》，論有六家，分成七宗，第一本無，第二本無異宗，第三即色宗，第四識含宗，第五約化宗，第六心無宗，第七緣會宗，本有六家，第一家分為二宗，故成七宗也。[7]

在這裏所敘及的「即色宗」是支道林（314-366）所創導者，[8]而他所

受到釋道從這裏就可見當時風氣。但是這種與老莊思想結合的理解佛學方式，受到謝安的強列排斥，批評這種所謂的「格義佛教」，他主張佛教應從佛教去理解佛教的看法，當四〇一年鳩摩羅什到長安後，才正式地以佛教獨自的解釋開始宣教弘化。

5　在這一期所譯出的般若經，經過考察約有：
一　東漢靈帝光和二年（179），支婁迦讖譯《道行般若經》十卷。
二　吳王橫武七年（288），支謙譯《大明度經）六卷。
三　西晉武帝太康七年（286），竺法護譯《光讚般若經）十卷。
四　西晉惠帝元康七年（291），無叉羅、竺叔蘭譯《放光般若經》二十卷
五　前秦符堅建元十八年（382），曇摩蜱、竺佛念譯《摩訶般若鈔經》五卷
6　《大正藏》卷四十五，頁150，中。
7　《大正藏》卷四十五，頁163，上。
8　《世說新語・文學》篇注裏，引述《支道林・集妙觀章》中關於「即色」之意云：「夫色之性也，不自有色，色不自有，雖色而空，故日，色即為空，色復異空」，支道林只看到「色不自有」，所以是「空」，而未看到色性本空，也就是色之「性空」，我們知道在《般若經》中所說的是「色即是空」「色不異空」，而支道林則說「色復異空」，這與般若經的意義頗有不同的地方，所以受到僧肇等人的批評，雖然如此，但其所說的「空」義多少還較合般若精神的。

講的空義或可說是較合般若經的,至於其他各家、各宗,都是屬於「格義」意味濃厚的般若學,在當時的三論教學已發展到了極盛的地步,而能與其相頡頏者,惟有天臺宗的智者而已。

　　吉藏對三論教義的詮釋以及對該宗的貢獻與努力可說是最為弘大,然而他到了晚年忽變其思想,極贊天臺的判教,關於這點我們可以從《仁王經疏》,(六卷《續藏》,《大正藏》三十三卷所收)中以五重玄義,(即:釋名、辨體、明宗、論用、判教五種範疇)開其端,便可說是最明顯的證據。[9]三論宗在中土師承發展,得到高僧們的廣傳弘通,初盛於南土,後復扇於北方,一直到了玄奘歸國,三論遂為所奪,接著興起的則是禪宗,於是三論宗為禪宗、天臺宗所併,迄唐武法難之起,章疏散使,而三論宗也跟著不受注意,日漸式微了!

二　吉藏的師承與學說

　　由前面的論說,我們或許對三論宗的發展情形大致有了個瞭解,而在此擬想探析的是有關吉藏在《中觀論疏》中所表達的大乘般若思想及該經典的組織結構問題,此《論疏》(以下簡稱《論疏》)全書共十卷,其中含括了吉藏有關三論宗的重要見解,論者以龐大詳闊的文字詮釋各個論點,駁斥小乘論師、地論師、攝論師及大乘自身某些偏執看法圍,我們在檢視吉藏的論著時,可以發現他雖然身在陳、隋動

9　吉藏對各論師不同的批評與看法,在所著《三論玄義》卷上,有云:「外道,達二空橫存人、法。毘曇已得無我,而執法有性,跋摩具辨二空,而照猶未盡,大乘乃言究竟,但封執成迷」,這段話的意思是說:外道還達不到人、法二空,硬說人有、法有;毘曇已達我空,但主張法有;成實論的作者訶梨跋摩(Harivarman, 250-350),既辨析我空,又辨析法空,但其智慧還不圓滿,還沒有達到事理之究竟,除三論宗之外的其他大乘佛教派別,例如:攝論師、地論師、天臺宗等,雖然已經講到成佛的究竟智慧,但由於執於本宗之見而成迷惑。

亂的年代中，但是非常注意佛教資料的收集。其論著有明顯的特色，就是「注引宏廣」，注重傳承，對此他曾經說過這樣的一句話：「學問之體，要須依師承習」，[10]所以在他的著作中保存了豐富的佛教資料。雖然當我們在閱讀時會感到論主自設問題、自己申述論駁，難免會教人感到文字繁博瑣碎，但是，比如在《百論疏》引用了僧叡的「成實論序」，保存了有關大乘佛教學者馬鳴、龍樹生活年代的珍貴資料，再而《百論疏》對提婆批判外道，其中如印度哲學流派勝論、數論或順世論，或耆那教、婆羅門教等，他都極仔細地論說，給我們後人研探三論宗或當時佛教的發展史上來說的確留下了豐富的參考史料！

吉藏的佛教思想、直接師承於法朗，在其著述中常可以看到「師云」的文字出現，這表示他隨處祖述法朗佛學思想的意思，例如他在《三論玄義》卷上，開始即云：

　　夫適化無方，陶誘非一，考聖心以息患為主，統教意以通理為宗。[11]

其實這段話原為吉藏的老師法朗所說的，在《中觀論疏》開始即引師語，主要在表明了傳承之意，其次又如，在《勝鬘寶窟》卷上，亦云：

　　家師朗和上每登高座，誨彼門人，常云：言以不住為端，心以無得為主，故深經高匠啟悟群生，令心無所著，所以然者，以著是累根眾苦之本，以執著故，三世諸佛敷經演論，皆令眾生

10　吉藏著：《大乘玄論》卷三，(《大正藏》卷四十五，頁36，下)。
11　吉藏著：《三論玄義》卷上，(《大正藏》卷四十二，頁7)，可是法朗的原文為「夫適化無方，陶誘非一，考聖心以息『病』為主，『緣』教義以開道為宗」，其中「病」「緣」二字與《三論玄義》中之「患」「統」二字相異。

> 心無所著，以執著故，起決定分別，定分別故，則生煩惱；煩
> 惱因緣，即便起業；業因緣故，則受生老病死之苦。[12]

由以上二則引文的內容，便可以看出吉藏師承法朗教說的根本立場，同時強調其師的學統謫傳，且自己也頗自負地表明了繼承此一攝領，興皇系統的佛教學說思想。

至於三論宗的系譜與傳承方面，歷來頗有不同的看法，就一般而言多依日本僧人凝然（1240-1321），在《八宗綱要》[13]的說法，認為三論宗在中國佛教的發展史上自鳩摩羅什到嘉祥大師吉藏，凡經七傳：

羅什—道生—曇濟—道朗—僧詮—法朗—吉藏。

又近人前因慧雲在其《三論宗綱要》[14]裏則認為：

羅什 ┬ 僧肇
　　　├ —道朗—僧詮—法朗—吉藏。
　　　└ 道融

又近人境野黃洋在其《支那佛教史講話》[15]裏則認為：

羅什—僧嵩—僧淵—法度—僧朗—僧詮—法朗—吉藏。

雖然如上，各研究者的結果，三論學在傳承上都有不同，但是從僧朗到吉藏的一段是應該沒有問題的。

其次，關於法朗眾弟子中，到底有那些深得佛法的呢？依據日本學者境野黃洋在其所著《支那佛教史綱》中指出，在法朗的弟子中得法者約有二十五人，但是在道宣《續高僧傳》所錄者考查看來，其實

---

12 《勝鬘寶窟》卷上，（《大正藏》卷二十七，頁7，下）。

13 平川彰：《八宗綱要》下，《佛典講座》（東京：大藏出版株式會社，昭和五十六年〔1981〕），頁559-563詳細講述三論傳到中國及其傳承系譜。

14 日人前田慧雲著，朱元善譯述：《三論宗綱要》（臺北：彌勒出版社影版），頁29-32。

15 日人境野黃洋著：《支那佛教史講話》下卷，自頁53-65對三論宗的傳承系統有詳細論述。

僅有十三人而已。然而又據湯用彤在其《漢魏兩晉南北朝佛教史》逞中的說法則認為，在《續高僧傳》所載得興皇佛法的弟子中對後世較大影響者，則列舉了慧哲（539-597）、智矩（536-606）、明法師（生卒年不詳）及吉藏（549-623）四人而已。以上說法雖不一，但是就整體而言，在最後對大乘佛教般若空觀思想發揮得最激底的，則非吉藏一人莫屬也。

　　以下就讓我們來探析有關吉藏對此《論疏》之結構及其思想內容，在《論疏》的最前面，吉藏寫有一篇「中論序疏」，此篇「序疏」約可分為以下幾個部分：

（一）是「總說」，其主要的內容可分為二項：1.「中論序」的作者、2.「中論序」的分科。
（二）是「別釋」，在這當中約可分為七個項目：1. 標通人法、2. 釋名題、3. 敘造論之緣起、4. 歎釋功能、5. 述青目的注論、6. 廣歎四論、7. 作者自謙。

這篇原為僧叡（355-439）所寫的序文並不長，全文共只有四百四十七字（一欄半不到），但是經過吉藏的疏解之後，便成了一篇接近上中下十四欄的長篇文字，可見吉藏在疏解時候的尋源稽考，旁徵博引，又其中的設問釋答，無不在詮二論之精義，祛內以流滯，防外道之紛動[16]，由此可知吉藏疏解經義之用心了。

　　至於《中論》全書大致來說是以人法二無我的體系而構成的，在全部二十七章中，論約可區分為二：

---

16 參見湯用彤著：《漢魏兩晉南北朝佛教史》（臺北：鼎文書局，1982年），頁762-763。

（一）從觀因緣品至第二十五品的觀涅槃品為「破大乘人法，明大乘觀」；從第二十六觀十二因緣品至第二十七的觀邪見品則為「破小乘人法，明小乘觀行」。

（二）前者第一部分又可區分為二：即從第一的觀因緣品至第二十一的觀成壞品為「破世間人法，明大乘觀行」；從第二十二觀如來品至第二十五涅槃品則為「破出世間人法，明大乘觀行」。

然而在這裏第三次二分部分的第一部分又二分為：從第一觀因緣品至第十七觀業品為「破曹教邪迷，顯中道實體」；其次，第十八觀法品為「明實相之用，明得益」，第十九觀時品至第二十一觀成壞品則為「破重邪迷，明重中道實相」。

再而又第四次二分部分的第一觀因緣品至第七觀三相品則為「破利根人略人法，明大乘觀行」，又從第八觀作者品至第十一觀本際品則為「破正人，破傍法」，特別第八觀作者品為「破人法之用」，第九觀本位品為「破人法體」，第十觀燃可燃品為「破舉喻體用」、第十一本際品為「窮人法之原」。

再其次，第十二觀苦品至第十七的觀業品，主要為「破正法，破傍人」，又從二十二觀如來品至第二十五觀涅槃品當中以二十二的觀顛倒品為「明出世人空」，至於其餘的第二十三觀如來品至二十五的觀涅槃品均為「明出世人空」。

吉藏的《中觀論疏》一書的結構情形大致如上，在內容上所要駁斥的也清楚地列出，[17]層層切入，井然分明，唯在論析上過於繁瑣碎，若非細心檢讀，則甚難掌握其要者，以上所敘者如以表標示的話，約略如下：

---

17 《中觀論序疏》，（《大正藏》卷四十二，頁5，中）。頁53的圖表中有○者為其所駁斥。

第一品　至　第二十五品

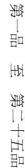
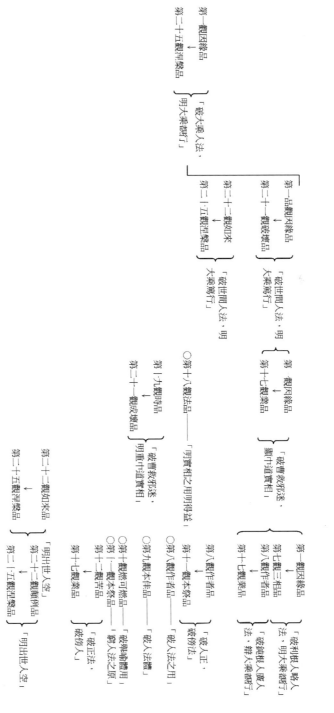

三 《中觀論疏》之結構及其內容

　　《中觀論疏》十卷，這可說是三論中極重要，且也可說是吉藏盡最大力寫成的一部著作，在書中引用了前代佛學家的著書及同時代人的論說，申辯批評，論析圓妥，在研究三論方面而言，這部《論疏》應該是屬於一部不可或缺的重要經典。至於本書的製作年代，依據吉藏在《論疏》卷第二本開始的地方有云：

　　　　以去仁壽三年三月二日，江南學士智泰來至皇朝請述所聞。[18]

由此一段文字看來，我們可以知道本《論疏》的完成於此段時間之後，而又如《百論疏》《十二門論疏》或許也應在同一時期著手撰述的，也就是大約在嘉祥大師六十歲前後。

　　吉藏在《三論玄義》一書中主要是以破邪與顯正二義作為旨趣的，而至於《中觀論疏》中所破的邪則大別為外道、毘曇、成實、大執（大乘之迷執者）四種，如果細說的話，一是破外教（批評外教）、二是破「毘曇」（小乘「有部」）之「執有」，三是破「成實宗」的「偏空」，四是破大乘「有所得」之執，進而再說到關於「顯正」的「正」的論題方面，其主要是在顯示「中」的意思，「中」就是「中道」之謂也。「中道」的解釋，吉藏在《三論玄義》中有這樣的一段文字，云：

　　　　次釋中不同，得有四種，一、外道明中，二、毘曇明中，三、成實明中，四、大乘人明中也。外道說中者，僧佉人言：「泥

18　《中觀論疏》卷第二本「因緣品」第一，（《大正藏》卷四十二，頁20，上）。

團非瓶非非瓶」即是中義也。衛世師云:「聲不名大不名小」,
勒沙婆云:「光非闇非明」,此之三師,並以兩非為中,而未知
所以為中耳。毘曇人釋中者,有事有理,事中者,無漏大王不
在邊地,謂不在欲界及非想也。理中者,謂苦、集之理不斷不
常也。成實人明中道者,論文直言離有離無名聖中道,而論師
云:「中道有三:一、世諦中道,二、真諦中道,三、非真非
俗中道。」四、大乘人明中者,如攝大乘論師明,非安立諦,
不著生死,不住涅槃,名之為中也。[19]

在這裏清楚地說明了中道的不同種類,有四種:(一)外道所說明的
中道,(二)以毘曇為經典的說一切有部教徒所說明的中道,各別對
中道不同的解釋,至於大乘佛教徒所說的中道,如攝論師所說的三無
性(三無性是針對三性設立的,針對眾生的遍計所執性立相無性,針
對依他起性立生無性,針對圓成實性立勝義無性),不執著於生死,
不停止在涅槃之上,這就稱之為中道,總括而言,「中道」的意思,
也就是諸佛菩薩所行之道,實乃由三諦而立者,也即所謂的世諦、真
諦、非真非俗諦三諦,故而名稱三種中道(世諦中道、真諦中道、非
真非俗中道),至於《中觀論》的根本旨趣也不外是在論說此三中,
如此《中觀論》所顯的正理的中道也即諸佛菩薩所行之道的意思。在

---

19 關於「中道」有幾種,以及其內容問題,吉藏在其所著《三論玄義》卷下,有以下
　的解釋,云:

　　　既稱為中,則非多非一,隨義對緣,得說多一,所言一中者,一道清淨,更
　　　無二道,一道者,即一中道也。所言二中者,則約二諦辨中,謂世諦中,真
　　　諦中,以世諦不偏,故名為中,真諦不偏,名為真諦中,所言三中者,二諦
　　　中及非真非俗中,所言四中者,謂對偏中,盡偏中,絕待中成假中也,對偏
　　　中者,對大小學人斷常偏病,是故說對偏中也,盡偏中者,大小學人,有於
　　　斷常偏病,則不成中,偏病若盡,則名為中。

「因緣品」以下的各品無不都是在詮釋三諦中道的思想觀念，尤其是在「因品」的開始即明白地標示八不偈，三諦中道之觀點，云：

> 八不者蓋是正觀之旨歸，方等之心骨，定佛法之偏正示得失之根原。[20]

又：

> 問，八不但是眾聖之得源，亦是群生之失本，答、悟無生即有三乘眾聖，迷八不即有六趣紛然故涅槃云：是一味藥隨其流處有六種味，一味藥者即中道佛性，中道佛性，不生不滅，不常不斷，即是八不，故知失於八不，有六趣紛然。[21]

由以上所引的文字看來，便可瞭解到《論疏》的主旨無不是在釋八不中道的菩薩道行。「中道」（madhyama-pratipad）就是遠離極端的不偏不倚的觀點方法，再而「因緣」乃由中道而發揚出正觀者有：

（一）因緣即空義。

（二）因緣即假義。

（三）因緣即中道義。

所以觀因緣的內涵大致均在《中觀論疏》中加以詮釋，於是在「因緣品」的開始時便有：

> 不生亦不滅，不常亦不斷，不一亦不異，不來亦不出，能說是

---

20 吉藏著：《中觀論疏》卷第二本「因緣品」第一，（《大正藏》四十二，頁20，上）。

21 吉藏著：《中觀論疏》卷第二本「因緣品」第一，（《大正藏》卷四十二，頁20，中）。

因緣，善滅諸戲論，我稽首禮佛，諸說中第一。[22]

八不偈的深意即是以八不來解釋因緣，此八不就是正觀的旨歸，眾教之宗歸，群聖之原本，光顯三諦中道之精義，吉藏同時更認為中道就是佛性。

再談到在三諦中道中的「世諦中心」，雖然是諸法因緣生，本來即是空，而世諦乃是以假生假滅去看待的，也就說因緣生之理，即在破諸法實有實生實滅，而明假有假生假滅的才是真世諦，這樣一來，因緣觀有無，生滅等離兩邊，世諦自然就明顯中道了！

至於第二的「真諦中道」，也就是假不生假不滅，生滅既然是「假」，不生不滅也是「假」，這是以真諦為主所說的中道，第三是非真非俗中道，也就是合真俗所說的中道，二諦無非真非俗中的中道實相，不執著生死，離言說，絕念慮，言語道斷，心行處滅，而達到涅槃之境。

吉藏為了要拂除吾人妄執而說「中道」，所以他以各種方法作比喻，一字一句地詮釋說明，當然他還是站在龍樹的立場闡揚發揮，而有他自己一套的看法及理解方法，如：在《大乘玄論》卷一，即云：

所以牒八不在初者，欲洗淨一切有所得心，有得之徒，無不墮此八計中。如小乘人言，謂有解之可「生」，惑之可「滅」；乃至眾生從無明流「來」，反本還源故「去」。今八不，橫破八迷，豎窮五句，以求彼「生滅」不得故，言「不生不滅」，「生滅」既去，「不生不滅」、「亦生滅亦不生滅」、「非生滅非不生

滅」五句自崩。[23]

又：

> 論云：「此八事總破一切法」，破一切法者，歷破眾生心所行
> 事，眾生心唯行此八事中，故今皆悉不之，令心無所行，無所
> 行故無所得，即是迴悟無生。[24]

從前面的兩段文字看來，吉藏對八不內涵意義不難看出有他的理解的
地方，在《中論》頌首章所標出的「八不」，其乃在揭示宗旨之所
在，申中道義，以知一切法性畢竟空，無所有不可得無所住，而無所
住則具有二義，一者無所在，二者無所不在，無所在者真空也，於真
空中，無一法可得，亦無所在處可得，所以說無所在，而至於無所不
在者則妙有也，真空遍滿一切處一切時，橫遍豎窮，無欠無餘，故無
所不在。是知無所在即無所不在，全空即有。無所不在即無所在，全
有即空，是即無所住義，即無所有不可得義，也就是中道義。

　　然而總括地說，其教義主心則是「無得」，當然也是在說洗淨一
切有所得心，至於前面所引各段文章的意義，所論說的也是關於「八
不」，可是最重要的則是在強調，「令心無所行」的觀點，而「八不」
的終極境界，也就是所謂的三論教學的旨趣所在，「無得正觀」的究
極精神：

　　綜觀吉藏在《中觀論疏》一書的結構及其詮解的內容看來，我們

---

23 吉藏著：《大乘玄論》卷一，（《大正藏》卷四十五，頁19，下）。
　　又見《中觀論疏》卷第一本「因緣品」第一，（《大正藏》卷四十二，頁10，下），
　　但在文字上稍異。
24 吉藏著：《中觀論疏》卷二，（《大正藏》卷四十二，頁27，上）。

約略可以明白到此一部《論疏》的根本宗旨，不外是在顯示「三諦中
道」，尤其是在「因緣品」以下各品吉藏對《中論》的主題的詮釋，
是站在「釋中」之關係而論說的，再而我們又發現到吉藏在論說中常
常把「八不」、「中道」等概念和佛性聯繫起來，提出了他的見解，關
於這點，如：

> 雖復勤精進，修行菩提道，若先非佛性，不應得成佛。[25]

又，

> 離斷，常二見，行於中道，見於佛性。[26]

由此兩則文字內容來說，前者說明勤懇努力修行菩薩道，如果本來就
沒有佛性，也是不會成佛的；後者則他曾解釋說，中道佛性，不生不
滅，不常不斷，即是八不。[27]由此我們不難看出吉藏把「八不」、「中
道」聯繫起來發揮的情形，除此之外，吉藏還把佛性發展為「無情有
性」論，他認為一切無情識的東西都會有佛性，當然這個概念他是從
《大智度論》中引悟發展出來的。[28]

結論

總之，吉藏對《中觀論疏》中各品的闡釋都引經據典，盡力舉例

25　《中論》卷四「觀四諦品」，(《大正藏》卷三〇，頁34，上)。
26　吉藏著：《二諦義》卷上，(《大正藏》四十五，頁86，上)。
27　吉藏著：《大乘玄論》卷第二之解釋，(《大正藏》卷四十五，頁25，上)。
28　龍樹著：《大智度論》卷三十二，「如是一切世間法中，皆有涅槃者。」

說明，並站在光顯「八不中道」、「破邪顯正」、「無得正觀」作為宣講教義的精神，就客觀來說，全書十卷，其中所引申詮釋，在文字上雖屬繁瑣，然仍不失思想深遠，論析博洽透澈，甚富佛教史學參考上的價值。

第三章

吉藏「空」思想之探究[*]

前言

　　吉藏（549-623），俗姓安氏，是安息國太子世高苗裔，[1]其祖先為了避仇，先是移居南海，住在交廣（現在廣西、廣東）之間，後來又遷往金陵（現在南京）長住，其母憑氏，乃金陵女子，在梁武帝太清三年（西元549年）生下了吉藏。

　　吉藏後來出家在興皇寺法朗（507-581）處參筵學習，精辯鋒遊，綽有餘美，當開皇末年，煬帝晉蕃設置了四道場，即揚州慧日寺、長安清禪寺、日嚴寺、香臺寺，大業二年吉藏奉敕住慧日寺，後移住日嚴寺，《三論玄義》則是在慧日寺奉敕而撰者，當時京輦們均列聽宣講，可謂道俗雲集。

　　嘉祥大師吉藏一生著述豐富，在其現存的論著數量來說是中國佛教首屆一指的博學之士，[2]在他的自作章疏的諸作中大部份引用前時代人的每一個說法，這對了解六朝時代的教理史上而言是一非常貴重的資料。除此之外，在其著論中提出了大乘佛典般若思想的詮釋，並

---

[*] 本文部分內容在佛光大學宗教文化研究中心主辦「第一屆宗教文化國際學術會議」，以〈吉藏的思想傳承及其「空」義之詮釋〉發表。又以〈三論宗の伝承とその「空」思想について〉發表於日本久留米大學比較文化研究所《年報》創刊號（1993年9月）。特此附記。

1　見安澄：《中論疏記》卷一，（《大正藏》卷六十五，頁2，中）。

2　《縮藏》九，《卍續》二十七，三「龍樹菩薩傳」。

且對外道，毘曇宗，成實宗以及大小乘的駁斥，論析博廣透澈，每每
都能契合經意，至於其晚年在信仰上起了轉變，從早年的重《般若》
《三論》乃至《大智度論》，轉變為重《法華》，關於這點則可以從他
晚年的作品《法華統略》卷上本的一句話看出來，有云：

　　余少弘《四論》，末專習一乘。[3]

　　在這一句中的「一乘」，所指者即是《法華經》中的「唯有一佛
乘，無二亦無三」的中心思想。然而這裏也告訴我們了《法華經義
疏》（十二卷）及《法華論疏》（三卷）應都是嘉祥大師在晚年所撰述
的作品。
　　吉藏著論卷帙浩繁，然而其詮釋佛典主心仍是理念確實清楚，在
其《中論疏》《十二門論疏》《百論》及《大智度論疏》等論著中多能
依層次述論經義，闡明意旨，而在此擬針對吉藏在《中論疏》中所提
及有關「空」的觀念及其對外道，毘曇，成實等諸宗派所主張的相異
處作一考察。

一　空義之探討

　　在未進入到探討「空」這一問題之前，首先讓我們來探討一下有
關「空」的幾個概念：

（一）「空」的意義

　　「空」是佛教的根本思想，尤其是大乘佛教特別強調此一觀念。

3　《法華統略》卷上，《卍續藏經》冊四十三，頁1、3。

「空」字的梵文為sunya，與「有」相對，音譯為舜若，意譯空無、空虛、空寂、空淨、非有一切存在之物中，皆無自體、實體、我等，此一思想即稱「空」。

（二）sunya 一語詞

在印度的數學所指的為「零」，而這一個「零」概念則應是印度人所發現的，[4]今天我們所稱用的「0」的阿拉伯數字，最早是印度的數字，此數字約在西元一五〇〇年通過阿拉伯人而傳入到西洋人的社會中。

在佛教哲學上來說，「空」這個字，我們或許可以將它理解為一個不存在的，無自體、無實體的抽象性的語詞，它「空」在大乘佛教中特別重要且常予以強調，中觀派者對自己稱為「空性論者」，[5]而至於「空」（śūnyata），在中國則漢譯為「空」，「空性」或「空相」，[6]在英語方面則有人將它譯為Voidness，但是也有些學者譯為Emptiness的，[7]「空」思想的探討在學術界也各有不同的看法。[8]

4　吉田洋一：《零の發見》（東京：岩波書店，赤版，1979年4月）。

5　Prasannapada, P.5.21, L.8。

6　《小品般若經》第十八章，論空章，玄奘譯：《大般若波羅蜜多經》、五一五至五一七有「空相品」，施護譯：《佛母出生法藏般若波羅蜜多經》第十七卷，（《大正藏》卷八，頁六四四，上）中則有「空性品」、法賢譯：《佛母實德藏般若波羅蜜經》，（《大正藏》卷八，頁680，下）都譯為「空品」。

7　Frederick J. Streng: *Emptiness, A study in Religious*, Heaning New York, eti. Abingdon Press，1967.

8　「空」，在學界有諸多不同的研究與看法，如：以緣起空觀而言則有：

　　1　稻津紀三著：《龍樹空觀の研究》，頁31-40。

　　2　中村元著：〈空の考察〉，《干潟博士古稀記念論文集》（福岡：九州大學文學部，昭和三十九年〔1964〕）。

　　3　藤本智董著：〈空の認識的解明〉，《印度學佛學研究》3卷2號。

　　4　常本憲雄著等：〈空觀哲學〉。

（三）原始佛教的「空」

　　初期大乘佛教的理念確立且予以貢獻的是般若經典，這個經典群數量極為龐大，以《大般若羅蜜多經》（玄奘譯六百卷）為首，雖然也有像今日我們所熟悉的《般若心經》那樣短的，《道行般若經》最古，在犍馱羅（Gandhāra）或西南印度成立的，但是，般若經典的起源是在南印度，也是這部經典本身所明示的。

　　般若（Prajnā），它的詳細名稱般若波蜜多，簡單地說，是意味真實智慧，而因為這種真實智慧是觀想空的智慧，而因為這種真實智慧

・以論理思想研究者，則有：

1 梶山雄一、上山春平著：《空の論理《中觀》》（東京：角川書店，昭和四十四年）。

2 矢島羊吉著：《空の哲學》（NHK ブシクス442、昭和五十八年）。

3 宇井伯壽著：〈空の論理〉，《東洋の論理》一書所收（東京：青山書院，1950）。

4 松本史朗著：《空について》，《駒澤大學佛教學部論集》第十九號，昭和六十三年十月。

5 上山春平，梶山雄一編：〈空の世界〉，《佛教の思想》一書所收，中央公論社刊。

6 坂本幸男著：〈觀展開の一斷面〉，《華嚴教學の研究》一書所收（京都：平樂寺書店，昭和二十九年）。

7 泰本融著：〈空ということ〉，《佛教の思想》，《講座佛教》（東京：大藏出版株式會社）。

8 山口融初著：《空と辯証法》（昭和十四年）。

9 兒玉達童著：〈空觀に關する一考察〉，《日本佛教學協會年報》第六年。

10 山口益著：《空の世界》（昭和二十三年）。

11 佐藤賢順著：《空の世界觀》，《世界觀の哲學》（昭和十八年）。

12. 田中順照著：〈空觀の論理〉，《印度學佛教學研究》二之一（昭二十八年）。

・對「空」思想樂天性之批判者，有：

1 吉永千鶴子著：〈Pcincakramaにおける空性理解心問題點一〉，《成田山佛教研究所紀要》。

2 袴谷憲昭著：〈空性理解の問題點〉，《理想》六一〇（昭和五十九年），收入《本覺思想批判》一書中，東京：大藏出版株式會社。

以上所列諸論均針對「空」思想之詮釋與分析，從思想觀點，結構組織，或從理立場論說均有獨立之見地。

是觀想空的智慧，所以又叫做「空觀」，空是在原始佛教就已經講說
的思想，所以在此，我們必須把握原始佛教所講的空思想史加以考
察，並且我們知道原始經典中將「空」做為主要脫離自我執著的冥想
對象說的，例如：在最古經典之一的《經集》中有釋尊對婆羅門學生
摩迦羅奢所說的話，云：

> 摩迦羅奢，你要經常，排除拘執你自己見解，而觀察世界是空
> 的，那麼，你就能渡過死，因為死王，不願見這樣地觀察世界
> 的人。（二一九頌）[9]

因為自己，普通都被感覺、肉體所束縛，所以為著要恢復精神的本來
自由，故要勸人以這樣地觀想空的冥想，原始佛教稱這樣觀察一切是
空而獲得精神的自由過程，做空的體驗（空住），又稱空的觀察做精
神的偉人（大人）冥想。

　　前面曾提及原始佛教的「空」，但是，在原始佛教之「空」與大
乘佛教之「空」義並不完全一樣，[10]同時，「無我」與「空」並非同義
字，大乘佛教也採用「無我」一語，但還是「空」用得較多，[11]在大

9　《經集》（二一九頌）。

10　原始聖典如《中阿含》第一九○《小空經》，第一九一《大空經》，巴利《中部》一
　　二一《小空經》，一二二《大空經》等都談到「空」；其中的「空」並不是大乘般若
　　經所說的第一義空，原始聖典的「空」是空無或使空無的意思。後者則是指無所得
　　無執著的空。又「空」、「無相」、「無願」三解脫門或三三昧之「空」，則於此無執
　　著之空。

11　部派佛教說「空」有六種或十種、大乘《般若經》說「空」有十六種空或十八空，
　　其目的無非是要除去一切的「我執」固執之念，實踐空無我之行，從這點可說般若
　　十八空等主要在說「無所得空」。關於「無所得空」文獻中並沒有具體的敘述，不
　　過成就無所得空便是成了「無礙自在之空」《般若心經》：「無所得故，菩提薩埵依
　　般若波羅蜜多故，心無罣礙」，便是從「無所得空」達無罣礙的「無礙空」。

乘佛教，用以說明「無我」的重點與小乘佛教並不相同，但是，概略
地說，「無我」與「空」並無重大的區別，初期大乘的般若經有「般
若之空」的說明，這與由般若慧所引生的「無我」有相當密切的關
係，所以從大乘佛教的觀點，就實踐修行而言，此二者「無我」亦可
名之為「無所得無執著之空」與「無礙自在之空」。

（四）法也是空

在般若經典方面，不僅以「空」為冥想對象，它對於說一切有部
所說的法的範疇實在，加以否定，依據般若的「空」思想而言，諸法
因為有其他的存在為條件而存在，所以，如果除去它與那些條件的關
係固定的存在性就一個也沒有，其理論就是「諸法性空」，「諸法」，
即一切主客觀事物和一切對於這些事物的認識，「性空」，即萬事萬物
從本質上說都是不真實的、虛假的，也就是「如幻如化如夢」的，在
認識上是「不可得」的，也就是「空」並不是「有」的單純否定，它
所採取的是超克有與無相對立的相對主義的總合之全體性立場。

在大乘佛教中把「空」大略分為「人空」與「法空」兩方面。

1 人空：即我空。

2 法空：是說客觀世界的一切都是虛幻不實的。

在這裏或許有人又要問「空」是不是「虛空」？什麼都沒有？是
不是否定了一切事物？到底否定或不否定自己？也就是說，「空」是
「空」的嗎？如果「空」也是「空」的，那麼「空」一定是什麼東西
都沒有？這樣一來，它（空）就不能否定諸法，因為一個「空」的東
西，當然是不能否定任何東西的，反過來，如果「空」是不「空」
的，那麼「諸法皆空」這一句話，又產生了矛盾，對這樣的一個疑
問，龍樹提出了他的看法，他說：

> 我語亦因緣生，若因生，則無自體，以無自體，故得言空，以
> 一切法因生者，自體皆空。[12]

龍樹的意思就是說，「空」不但否定一切事物，同時它（空）也否定
自己，也就是《般若經》中所說的「空空」（注：空也，觀空，或能
照空），「空」這一語雖然是不真實的，可是它是有功能作用的，它
（空）能否定一切事物的內在的真實自性的。

　　龍樹把「空」的定義解釋為「因緣生」，[13]在《中論》的頌文中還
說「空」有時又稱「假名」，有時又稱「中道」，再而，青目
（Pingala）對其中的意思解釋，云：

> 眾因生法，我說即是空，何以故？眾緣具足和合而物生，是物
> 屬眾因緣故無自性，無自性故空，空亦復空，但為引導眾生
> 故，以假名說，離有無二邊故名為中道，是法無性故不得言
> 有，亦無空故不得言無，若法有性相，則不待眾緣而有，若不
> 待眾緣則無法，是故無有不空法。[14]

在此所詮釋的，因緣所生的事物，之所以是「空」，其原因是這些事
物都沒有它們自己的內在本質，也就是自性，因此，所謂「空」是
「自性」的不存在，當然從此處，我們也可瞭解到龍樹的「空」，並
不是「存有」、「存在」、「真實」或「性質」等類的意思，相反地他是
否定這種意義的「自性」。

12　《迴諍論》，（《大正藏》卷三十二，頁18，上）。

13　因和緣，結果而生則為內在直接的原因的因，外而助，間接的原因者為緣，也就是
　　內因，外緣，同時也稱親因、疏緣宇宙間一切的存在大致是由因緣而生，也由因緣
　　而泯滅，因此由因緣而生者也稱之為「因緣生」、「緣生」、或「緣起」。

14　《中論》「四諦品」，（《大正藏》卷三十，頁33，中）

二 「空」與中道

性空者解空，只有一個否定，以否定的當下即是真理的顯現，也就是所謂「破邪即顯正」，因為「空」是「假名施設」（Prajnapti）之謂，並無實質，所以體於空，並非有「空」可得。

其次，大乘的「空」是因欲對治有自性的「不空」所施設之假名，並無實質的，比如《中論》「觀行品」中，有云：

> 若有不空法，則應有空法。
> 實無不空法，何得有空法。[15]

「空」是不可待的，不空即然是無了，又那來得空呢？比如空內名「內空」，內本不有，又何來得「空」？「空」本不可得，是對治諸見而說的，因此《中論》「觀行品」中，又云：

> 大聖說空法，為離諸見故。
> 若復見有空，諸佛所不化。[16]

在這裏「大聖」佛陀的所以「說」諸法性「空」，不是說宇宙萬有的真實性是空，是為了要我們「離」卻種種錯誤的執「見」的，像有、無、生、滅、常、斷、一　異、來、去的這些執見的生起，就因為見有諸法的自性，當然佛知道執自性實有，是流轉生死的根本，所以依緣起假名說一切法空，還有我們要瞭解對於獨空破，對於相待也是破於空見的。至於以著單空者則不可以單空化之，又對著重空者不可以

---

15 《中論》，「觀行品」，（《大正藏》卷三十，頁18，下）。
16 同註15。

重空化之，當然它也是在強調「空見」既是所要破除之一環，而不復墮入，故而在《中論》「觀如來品」中，又云：

> 以如是義故，受空受者空。
> 云何當以空，而說空如來。[17]

在這裏青目作了注說：「若受空者，云何以空受，而說空如來」，[18]又說：「諸法實相，畢竟清淨不可取，空尚不受」，[19]空既是「假名施設」，並非性體，虛無，則無須「從空入有」，或把空再空掉。

又、再看看青目注《中論》「四諦品」的文字中，有云：

> 眾因緣生法，我說即是空，何以故？眾緣具足和合而物生，是物屬眾因緣故無自性，無自性故空，空亦復空，但以引導眾生故，以假名說。[20]

在這段釋文中青目所云者，「無自性故空」，「空」即「無自性」義，至於「空亦復空」則是說「空的本身亦復無自性（空）」，它並不是說連空也再空掉的意思。

由前面所敘看來，三論宗所謂的「空」是指緣起的實相本身，而「緣起」幻相即是「空」，並不是說在幻相之中或其背後又另一個「空」。因為緣起的如幻施設，無非假相、假名、假相、假名的本身即是「空」，所以在《中論》「觀四諦品」中，有云：

---

17 《中論》「觀如來品」，（《大正藏》卷三十，頁30，中）。
18 青目注《中論》「觀如來品」，（《大正藏》卷三十，頁30，中）。
19 同註18（《大正藏》卷三十，頁30，下）。
20 青目注：《中論》「觀四諦品」，（《大正藏》卷三十，頁33，中）。

　　若不依俗諦，不得第一義，

　　不得第一義，則不得涅槃。[21]

所以要在俗諦的假名施設上才能得見第一義空的中道義，這也就是說空是無窮盡的如幻施設，也正所謂的「性空即緣起，緣起即性空」。[22]

　　「緣起」[23]為佛家的根本法則，而「空」正是指「緣起」，以緣起的一切施設皆無自性，唯是假名，故說為「空」，再而「空」是正觀緣起如幻施設，並非「無」，緣起如幻施設無自性，又非「有」，一切只是如幻假名，如此同時超越，「有、無」二分法的自性執，所以說「空」即是「中道」。

　　而龍樹菩薩空學是透過《般若》直接探索《阿含》的「無我」深義，也就是正觀緣起法而深入其無自性，《阿含》《般若》乃至《中論》，並不說「性空」本體能生起因果行相，在《中論》，有云：

　　以有空義故，一切法得成，

　　若無空義者，一切法則不成。[24]

---

21 同註14，（《大正藏》卷三十，頁33，上）。

22 參見印順法師所著：《中觀今論》第五章「中觀之根本論題」第四節「緣起自性空」項（臺北：正聞出版社，1982年）。

23 梵語為Pratiya-Samutpcda，「緣起」的思想為佛教的根本世界觀，《阿含經》「十二緣起說」（十二因緣）首始，而後有唯識宗的「賴耶緣起」說，《楞伽經》等「如來藏緣起」說，華嚴宗的「法界緣起」說，真言宗的「六大緣起說」等。此為佛教歷史的一貫思想，在《中論》中有所謂的「因緣所生法，我說即是空」，「因緣所生法，即是寂滅性」；又《十二門論》也說「因緣所生法，是即無自性」。緣起，所以是無自性的，由於無自性，所以是空的；空，所以是寂滅的，因此也可以說「緣起自性空」，實為中觀的根本觀法，或法則。相關資料可參考：坂本幸男著：〈緣起の思想〉，《佛教の思想》第一卷、中村元著：《空》（上）「緣起」項，頁140-177，水野弘元著：《佛教の基礎知識》第八章「十二緣起」等。

24 同註14，（《大正藏》卷三十，頁33，上）。

論主強調說由於第一義空所以有世諦,因此二諦成則一切成,如果無空則第一義不成,同樣的世諦也不成,因此一切壞也,當然這裏並不等於說從本體(性空)而生起現象,否則的話,便成了先有空體而後生現象的荒謬之說了,龍樹「空義」是說一切現象之形成,必因它沒有實性(性空),若實「有」自性,即固定於「有」而不動,現象必不能幻起,也就是因法皆自性(空義)所以一切法得成。

宇宙實相,從來就拒絕人以忠實性的描述,凡所言說,那無非是戲論,即使是稱它是「空」,也只是「假名」,所以《中論》「觀如來品」中,又云:

　　空則不可說,非空不可說,
　　共不共叵說,但以假名說。[25]

在此先約假名說如來,執有實自性,自性不可得,這就是空,空相的實體,是離言說性的,所以「空則不可說」,然而不特空不可說,「非空」也是「不可說」的,故青目對偈注云:「諸法空則不應說,諸法不空亦不應說,何以故?但破相違故,以假名說」(注引文旁小圈為論者所加),在此注中的「空」、「不空」、「空不空(共)」、「非空非不空(不空)」四句,都因對待而幻立,本無實性,皆不可說,如果一定緘默不說,豈非如啞法外道,以噤口為究竟,因而啟其方便,權立假名說。

以上所論說的為《中論》中的基本思想,一切現象皆為緣起的、空的、無自性的,然而就是基本原則而言的話,那麼或可歸納為一個「空」字,也正如《十二門論》「因緣品第一」所說的「大分深義,

---

25 同註17,(《大正藏》卷三十,頁30,中)。

所謂空也」。[26]同樣的也正如《般若心經》所載：

> 觀自在菩薩，行深般若波羅蜜多時，照見五蘊皆空……色即是
> 空，空即是色，受想行識亦復如是。[27]

綜合觀之，《中論》的主要思想基礎是建立在「般若性空」上面的。

三 吉藏之「空」觀及其對外道、小乘之批評

「空」（Sanyata）這個概念，在《般若經》中，處處說到「一切
法空」，[28]而就龍樹繼承《般若經》的思想，並加以發揮，而形成自己
的哲學，後來，龍樹不斷地深化自己的理論及思想，並且從大乘菩薩
道的理論和實踐闡明其意義。在此我們必須先瞭解「空性」是指實體
（自性）、本性、或法體不存在，即無自性，否定實體，而所謂「一
切法空」的意思是指：所有的事物無自性，一個有實體存在的事物也
沒有，但是，我們通常認為有實體存在的事物才是實在，而沒有實體
的事物，即使存在，也以為不實在，是虛妄，也就像持實有論的阿毘
達磨佛教一樣的情形。

其次，「空」的概念在《中論》中雖是重要的中心主題，然而在
那龐大的論著中似乎也並非很有系統地加以綜合分析，一直到吉藏嘉
祥才對龍樹的觀念稍完整地闡述發揮，就普通而言，空乃是對事物實
體性之否定，由於對一切實事物的否定，故而我們或可認為一切的事

---

26 《十二門論》「因緣品第一」，（《大正藏》卷三十，頁159，下）。

27 《般若心經》，（《大正藏》卷八，頁848，下）。

28 《般若經》有「諸法空相」（saruadharmahsunyatcilaksana）這種話，可參考鈴木大
　拙著：《般若經の哲學と宗教》（京都：法藏館書店，昭和二十五年〔1950〕）。

物乃由緣起關係而還元，從這個原則上來理解，也就是說「三論宗」的「空」是緣起自性空，也正如在《中論》「觀四諦品」中所云：

> 眾因緣生法，我說即是無（空），
> 亦為是假名，亦是中道義，
> 未曾有一法，不從因緣生，
> 是故一切法，無不是空者。[29]

此偈文在三論師而言是相當被重視的，其所揭示的意義是在申述一切「眾」多「因緣」所「生」的「法」，「我」佛「說」他就是「空」的，雖然所說的是空，但是並不是否認一切法。這空無自性的空法，亦說「為是假名」的。

佛所以說緣生法是「空」，其主要的意義也是像《大智度論》所說的：「為可度眾生說是畢竟空」[30]一樣，在使眾生在緣起法中，離一切自性妄見，以無自性空的觀門，體證諸法寂滅的實相，所以一切法空，而不能以為勝義實相中，有此空相的，這也就是緣起有的性空，「亦是中道義」，我們知道世間一切的一切，如不能以緣起假名，說明他是空，就不能寂滅有無諸相，也不能證悟諸法實相。當我們明白了因緣生法是「空」的，[31]才能證吾中道不起種種邊邪見，還有一點必須注意的是，「空」不是沒有緣起，此「空」是不礙緣起的，不過緣起是無自性的假名。

雖然如此，但是在當時關於「空」概念的看法則有諸多不同之處，由於觀點及主張有所偏失，產生了各種分歧的邪說，因此吉藏不

---

29 同註14，（《大正藏》卷三十，頁33，中）。

30 《大智度論》卷七十四，（《大正藏》卷二十五）。

31 參《中論》第二十四品「觀四諦品」，（《大正藏》卷三十，頁33，中）。

厭其煩地注疏經典,以弘傳正觀思想。以下擬想從吉藏對各宗派對空
觀之不同意見以及其所駁斥者加以考察,嘉祥大師吉藏在《二諦義》
卷上中有這樣的一段文字,云:

> 如色未曾空有,凡謂色有,於凡是實名諦,聖謂色空,於聖是
> 實名諦,此之有無,皆是謂情故,並皆是失,既凡謂有,聖謂
> 空,此之空有,悉須洗破,無如此有,無如此空,畢竟洗淨。
> 始得明因緣空有,因緣空有,即非空有空有。既識非空有空
> 有,即悟空有非空有也、前之空有,並是所治之病,故皆失
> 也。[32]

在這段文字中,吉藏提及了所見之「有」與聖者所悟之「無」(空),
都是感情的執著,也就是「皆是謂情」。在此也指出了「有」是相對
於「無」而說的,「無」也是相對於「有」而說的,沒有真正的
「無」和「有」,才可以方便宣說「無」和「有」,換而言之,這樣的
「無」(空)和「有」是為「因緣空有」者也。

吉藏在詮釋「空」義的過程中,曾對當時諸多的宗派的主張與看
法加以呵責,其中最明顯的不外是對:a.毘曇宗、b.成實宗、c.地論
宗、d.攝論宗、e.唯識宗之聖者所說的「空」或「無」等。

比如首先吉藏在《三論玄義》卷上中對毘曇宗批評,云:

> 第五、迷自宗,諸聖弟子,有所述作,本為通經,而《阿含》
> 之文親說無相,故善吉觀法空而悟道,身子入空定而佛歎,阿
> 毘曇人,但明見有,故自迷本宗。[33]

---

32 《二諦義》卷上,(《大正藏》卷四十五,頁86,下、頁87,上)。
33 《三論玄義》卷上,(《大正藏》卷四十五,頁3,上)。

在此嘉祥大師的意思是在說明，阿毘曇人只講「我空」，不講「法空」，此乃違背了自宗所以據的《阿含經》之教義，因為在《阿含經》[34]中直接講到空相，所以善吉曾經宣說「無相」的道理，也明文說到身子（舍利子）入空定受到佛的讚歎，在這裏也可以理解到《阿含經》也是闡揚「法空」的道理的，然而毘曇人只講「有」這種邪見，所以是執迷於自己宗派的觀點上的。

　　吉藏不但認為小乘的毘曇宗不理解「空」而執著「有」，甚至認為某些大乘也同小乘、外道一樣，不理解「空」而墮入到某種意義的「有」之中，所以他在《中觀論疏》「五陰品第四」云：

> ……今明空有不二，有是即空是，空非即有非，空有即不二，空有與非空有亦不二，既言有即非復有，言空即非復空，寧可各執空有耶，今言空者是諸法實相理，不依空即是違理，問答豈得成耶。
> 問、理既非空有，何故作空名說耶，答、以無所得空為破有所得有，此是隔節破也。又明有所得人，非但執有是有，執空亦是有，今明無所得空，無空亦無有，故說為空，破其空有二見，又外道、小乘、大乘人，心有所依，言有所當，故為有，今說無依，無所得故，名空耳。[35]

在此段引文中嘉祥大師對「空」義作了解釋，「空有不二」「有是即空是」「空非即有非」，除此之外並且呵責一些偏執者之說，其實真理原本不可言詮的，但是卻偏說「空」的理由是：無所依得的「空」可以

---

34 參見印順法師著：《中觀今論》第二章「龍樹及其論典」中第二節「中論為阿含通論考」。

35 《中觀論疏》「五陰品」第四，（《大正藏》卷四十二，頁68，下）。

破不有所依得的「有」，因而偏說（無所依得的）「空」，而所謂有所依得的「有」，乃是指那些執著「有」和執著「空」的外道、小乘、大乘等。在這有一點值得注意的，那就是說：「有」的執著固然是有所依得之「有」，這兩者都必須用無所依得之「空」來加以破斥。

吉藏除了對「空」有所偏見者作了批判之外，他對大乘、小乘對「空」之區分也加以論說，如在《三論玄義》卷上中，云：

> 問、小明一空，大辨二空，可有差別？既同其二空，大小何異？答、雖同辨二空，二空不同，略明四種：一者，小乘拆法明空，大乘本性空寂。二者，小乘但明三界內人、法二空，空義即短，大乘明三界內外人法並空，空義即長。三者，小乘但明於空，未說不空，大乘明空，亦辨不空，故涅槃云：聲聞之人，但見於空，不見不空，智者見空及以不空，空者一切生死，不空者謂大涅槃。四者、小乘名為但空，謂但住於空。菩薩名不可得空，空亦不可得也，故知雖明二空，空義有異，故分大小。[36]

在此處所提及的「三界內外人，法二空」者，在三論宗認為，小乘佛教所講的「空」不出欲界、色界、無色界這三界，而大乘佛教所講的「空」已經超出三界，不僅世間法是「空」，出世間法的涅槃等也是「空」。由此可見小乘佛教通過分析的方法說明「空」，大乘佛教認為萬事萬物本性即空，其次小乘佛教只講「空」但是沒有講「不空」，至於大乘佛教者既見「空」，又見「不空」。同時吉藏還說小乘佛教的「空」為「但空」。同時吉藏還說小乘佛教的「空」為「但空」，只停

---

36 同註33，（《大正藏》卷四十五，頁4，上、中）。

止在空上，而至於大乘佛教則講空是不可得空（不但空），空也是不存在的（空空、非空）。

　　然而一般的佛教學者，在解釋「三界的」「三界外」或「界內」「界外」時，都是依據《大智度論》卷九十三所說：

> 有淨佛上，出於三界，乃至無煩惱之名……如《法華經》說。
> 37

「三界內」（界內）是凡夫和小乘所居住之處，而「三界外」（界外）是大乘菩薩所遊化的場所。這種看法在吉藏來說，他是認為如此的。故而他說為《成論》師所說的人、法二空，僅僅是止於小乘的空，因此是屬於「三界內」（內界）的空，這種空，是不澈底的空，「空義即短」。反過來只有大乘的人、法二空，這樣才算是澈底的。

　　再而吉藏對《成論》論「空」理則認為「但明空於空，未說不空」，[38]所以他又提出了批評，由《涅槃經》之中看，很顯然地這種「空」外還有「不空」的說法，似乎脫離了《般若經》和龍樹菩薩所主張的「一切皆空」的說法。當然毫無疑問的。在《般若經》講「一切皆空」，甚至連「大涅槃」也都是空的，關於這點，或許在此可舉一、二例子來說明，例如：

（一）在《摩訶般若波羅蜜經》卷八，「幻聽品」第二八、有云：

> 我說佛道如幻如夢，我說涅槃亦如幻如夢，若當有法勝於涅槃者，我說亦復如幻如夢。[39]

37　《大智度論》卷九十三，（《大正藏》卷二十五，頁714，上）。

38　同註33，（《大正藏》卷四十五，頁4，中）。

39　《摩訶般若羅蜜經》卷八，「幻聽品」第三十八。

（二）如《中論》卷四「觀四諦品」中也云：

> 未曾有一法，不從因緣生，是故一切法，無不是空者。[40]

從上面所舉的二例看來，龍樹、提婆（Arya-deva, 170-270）所主張的「一切皆空」的概念是極為清楚的，而其意義主要的是僅說到「空」而並未言及「不空」的一層範疇上去，然而倘若反觀吉藏在批評《成實》師的「空」理時，則言「但明空，未說不空」的一層思想去考察的話，那麼吉藏在對「空」理的詮釋方面似乎已超出了原來的範圍，意思也就是說從「空」又到了「不空」的境地。

其次，吉藏對《成實》師再提出批評說：「小乘名為但空，謂但住於空，菩薩名不可得空」。[41]關於這一點，我們或許可以引舉《大智度論》的意思加以說明，云：

> 空相應有二種，一者但空，二者不可得空，但行空墮聲聞，辟支佛地，行不可得空，空亦不可得，則無處可墮。[42]

在此經文中所言者為，關於「空相」約有二種：一者但空，只講空，不講不空；其次為不可得空，也稱不但空，既講空，又講不空，也就是三論宗所說的非有、非空的中道實相。主張但空的人要墮落到小乘佛教的聲聞乘和緣覺乘，又如果主張不但空，空也是存在的（空空、非空），不會墮落到任何一邊去，而這是吉藏所要強調的地方，還有就是吉藏認為《成實》師雖然也講人、法二空，但是他們的講法和大

---

40 同註14，（《大正藏》卷三十，頁33，中）。

41 同註33，（《大正藏》卷四十五，頁4，中）。

42 《大智度論》卷三十七，（《大正藏》卷二十五，頁335，上）。

乘的究竟「空」的概念頗有偏頗，因為這樣，所以說是不夠澈底的「空」。雖然如此，那或許在此要提出質疑，大乘究竟義的「空」，到底又是什麼呢？吉藏認為那是「因緣空」，也就是超越空（無）與「有」之對立而不可言詮的「空」，那也就是非有非無的「空」。

　　吉藏除了強調「空」，雖也是存在的「即空空，非空」，如此一來就不會墮落到任何一邊去，之外，他還認為要能「即空觀有，即有觀空」，於是，他在批評《成實》論時就說：

> 法華信解品云：「四大聲聞自述所得空云：『我等長夜，修習空法，無生無滅，無小無大，無漏無為，於佛智慧，不生貪著』成實所辨與此全同，故知非大也」。
> 問、何以知然？答、法華之文，辨聲聞證空，不能即空觀有，即有觀空，故無相即，成實所說亦無相即，若明相即，應空、有並觀，若空、有並觀，與大乘何別？問、何以知小乘義無相即耶？答、釋論云：小乘內不明生死即畢竟空，唯大乘乃說，故知爾也。[43]

這裏很清楚地說《成實》論不能即空觀有，即有觀空，同時其與《法華經》「信解品」中所說的空義完全不同，所以成實論非大乘也。且吉藏還說如果《成實》論明白相即的話，那應當是同時看到「空」和「有」，這又是什麼原因呢？他引《大智度論》的內容說，小乘佛教不明白生死畢竟空，而這個觀念只有大乘才講的，於是，從這裏就可以明白小乘佛是不講相即的。

　　吉藏是一位對於外道有所偏執者之批評是極其嚴苛的，除了前面

---

43 同註33，（《大正藏》卷四十五，頁4，中）。

所舉者外，還有其對小乘佛教徒否定布施，破壞大乘佛教的修行，破
壞大乘佛教的見，他都稱之為「邪見」，如果要成為大乘佛教徒的
話，那就不要生起像小乘那樣的想法，所以他在《三論玄義》卷上，
有云：

> 小乘人入於空觀，不見布施，破大乘行，故云破成，破大乘
> 解，故云邪見，而成實明不見布施是實法空，以為宗極，欲為
> 大乘，勿起小心也。[44]

這裏所說的「破戒」是指大乘佛教徒要修三聚戒，所謂「三聚戒」
者：

（一）攝律儀戒、執行佛教戒律和儀式，不殺生是其中重要內容。

（二）攝善法戒、以慈悲為懷。

（三）攝眾生戒、亦稱饒益有情戒，為保護眾生之意也。

以上三聚互攝，圓融無礙，如不殺生可以包含任何一聚戒之中，若犯
殺生戒則破壞了三聚戒。再而就是「成實明不見布施是實法空」，其
意思是指「成實論」主張，客觀世界的一切，包括大乘佛教的布施和
布施的果報在內，都是虛幻不實的，由於這些「邪見」與大乘諸多不
同，且見解錯誤，所以吉藏要加以破邪顯正，而提出許多論證予以駁
斥及釋的原因就在於此。

四 吉藏的二諦說

在前面論析時曾提及吉藏不僅對外道或小乘佛教加以駁斥，同時

---

44 同註33，（《大正藏》卷四十五，頁4，中）。

對大乘佛教的某些教理也提出了看法與意見。然而他所批評的到底是屬於那些方面呢？就三論宗的立場上來考察，其所批評的大乘佛教主要是南北朝時代的：（一）攝論師、（二）地論師、（三）隋朝的天臺宗。地論師和攝論師都是繼承印度大乘有宗（有識）觀點，和堅持大乘空宗思想的三論宗直接對立，於是，嘉祥大師吉藏為了確立自己三藏、三輪的判教主張，對慧觀（四至五世紀）[45]天臺宗的五時判教理論進行了批判。關於這方面的論評，他在《三論玄義》卷上，云：

> 有大乘師曰：四術、三玄並為外教，毘曇、成實蓋是小乘，明理不同，在文不足，既障大乘，理宜須破。[46]

在這裏所提及的「四術」，就是吉藏在《中論疏》中把「外道」的四種主張分為兩大類，即：

> 總談外道，凡有二計：一、計邪因，二、執無因，言邪因者，略明三種：一者即一因外道，謂自在天[47]等之一因緣，能生萬類之果，二者宿作外道，謂萬法之果，但由往業，無有現緣；

---

45 慧觀（四至五世紀）七十一歲圓寂，精通《十誦律》，又著有《辯宗論》《論頓悟漸悟義》等，參考中村元編：《岩波佛學辭典》，岩波書店。

46 《三論玄義》卷上，（《大正藏》卷四十五，頁5，上）。

47 梵文Manesvara音譯摩醯首羅，即婆羅門教天神濕婆（siva），略稱為「自在天」，「自在」等，被佛教吸收以後，把他安排在色界之項，稱為三千界之主。

又，據嘉祥大師吉藏所著《百論疏》卷上，有云：「所言自在者有八種，一作能鄰虛細身，二輕微極妙心神無礙，三者遍滿虛空，四者得如意禪定，五者得三世帝立，六者隨用一切塵一時能用，七者不計屬他，八者去住自在無礙」（《大正藏》卷四十二，頁244，上），在這段文字表示出了「自在」是位大神可以隨意變化自己的身體，可以變得非常大，充滿整個宇宙，又可以變得非常小接近於無的境地，然而這也說明了他能自由自在地運動，不受到任何的阻礙。

三者現緣外道，謂四大和合，能生外法，男女交會，能生眾
生，二者無因外道，謂萬法自然而生，不從因生。[48]

當然在吉藏認為某些大乘論所說，所謂的「四術」、三玄都是外道，
毘曇、成實都是小乘，它們說明道理不夠周詳，所用文字也不充足，
這樣一來，既然障礙了大乘佛法，那麼按照道理就應該進行破斥，而
屬於自己一方的方等大乘，其教法是圓滿無缺的滿字教，其道理是究
竟無餘的極理，不應進行破斥，所以吉藏曾如此地說：

自方等絃宗，眾聖軌轍，教稱滿，理曰無餘，信之則獲福無
邊，毀謗招莫大之罪。[49]

其原因就在此。再而，吉藏所批評的毘曇宗或毗曇師，所指的是一批
研究毘曇的佛教學者，而毘曇（abhidharma）是經典的異名，它是屬
於印度小乘佛教之各部派學者，尤其是說一切有部學者的泛稱。

在此就吉藏對毘曇的看法，或許可以提出如此的看法，例如：當
敘及成實為小乘者，與毘曇優劣方面時，吉藏就批評云：

求那跋摩遺文偈云：諸論名異端，修行理無二，偏執有是非，
達者無違諍，又釋論云有四種門：一者阿毘曇門，二者空門，
三者毘勒門，此云篋藏，四者非空非有門，不得般若方便，學
毘曇門，則墮有見，學於空門，則墮空見，學毘勒門，則墮亦
空亦有見，學非空非有門則墮愚癡論，若得般若，心無染著，

---

48 《中觀論疏》第一本，（《大正藏》卷四十二，頁7，上）。
49 同註33，卷上，（《大正藏》卷四十五，頁5，上）。

隨機適化，通道利人，無相違背，而成實、毘曇各執空有，互
相排斥，障道增見，皆失佛旨也。[50]

在《大智度論》[51]中把佛教分為四類：

（一）阿毘曇（即毘曇）。

（二）空（如成實論）

（三）大眾部的毘勒、意為篋藏。

（四）非空非有。

如果不掌握般若智慧和方便善巧（Upayakausala）的話，那麼學習毘
曇者則墮入有見，而學習空者墮入空見，學習毘勒者墮入亦空亦有
見，學非空非有者墮入愚癡論。關於這些，吉藏認為如果掌握了般若
智慧，其心無雜染執著，依據眾生根機的不同進行教化，講清佛教道
理，使人們覺悟，就沒有相互違背處，而成實論主張「空」。毘曇主張
「有」，彼此間意見不一，障礙佛道，增加邪見，這些都喪失了佛教的
宗旨。就佛教宗派倫理而言，毘曇只講「我空」，成實論講「我空」、
「法空」，這兩派的論點是有極大的差別與優劣，所以吉藏強調說：

> 於小乘內分三品：一者，俱不得二空，如犢子部云：「四大和
> 含有於眼法，五陰和合別有人法，此下根人也，二者，薩衛之
> 流，但得人空，不得法空，為次根人也；三者，譬喻訶梨之
> 流，具得二空，為上根人也。」約空義淺深，則毘曇為小乘之
> 劣，成實為小內之勝也。[52]

---

50 同註33，卷上，（《大正藏》卷四十五，頁4，下）。

51 《大智度論》第十八卷，（《大正藏》卷二十五，頁192），第十五卷，（《大正藏》卷
二十五，頁170）。

52 同註33，卷上，（《大正藏》卷四十五，頁4，下、頁5，上）。

在此段引文中提及「犢子部」，梵文為Vàtsiputriya，是指當釋迦牟尼
逝世三百年後從說一切有部分裂出來的一個重要派別，同時它也稱為
跋耆子部、可住子弟子部，大約是流行於印度的中部和西部地區。根
據考察，他們把佛所說的一切法歸結為補特伽羅（Pudgala），其意為
「我」的意思，也就是說此派認為「我」是輪迴的主體。

吉藏在對毘曇的「我空」，成實論的「成空」、「法空」，提出了看
法，在小乘佛教內分為三個等第：

（一）我空、法空都沒有達到者，比如在犢子部稱云：「地、水、
火、風中大和合而成眼、耳、鼻、舌、身、五根及一切物質
現象，色、受、想、行、識，五蘊和合而成人法（我）」，這
是屬於根性最低下的人。

（二）薩婆多部（即說一切有部，簡稱有部）的教徒，已達到了人
空，可是尚未達到法空的地步，這是屬根性稍次的一種人。

（三）訶梨跋摩等譬喻師，彼等是屬已達我、法二空，所以說上等
根性的人，如果按照「空」義深淺來劃分的話，那麼或可這
麼說，毘曇是小乘佛教中最低劣者，而成實論則是小乘佛教
中最優勝者。

至於小乘佛教方面、吉藏也加以呵責，他說：

> 佛說小乘，本為詮大，保冥之徒，守指忘月，經自斥之，故論
> 主依佛。[53]

---

53 同註33，卷上，（《大正藏》卷四十五，頁5，上）。

這裏所指的「保冥之徒」是指「保執冥寂空理小乘人」，[54]當然也是指弘揚《成實論》的小乘佛教學者而言，其次「守指忘月」，是說大乘佛教徒把大乘視為佛教的本源，比喻為月亮，而把小乘視為末流，於是將它比喻為手指。吉藏指出佛當時演說小乘，本來是為了說明大乘，但是保守空寂之理的《成實論》學者卻如同只守住手指，不看月亮為比喻，批評頑固的小乘佛教徒，不向大乘邁進。

吉藏是一位非常堅持看法以及批評性很強的大乘佛學者，他對外道或頑堅偏見的小乘佛教，或觀念有所偏頗者都一一予以批評。

以下接著來探析吉藏對《成論》師主張有、無二諦一體的論說方面有何批評。然而就事實上來看，主張有、無一體的這個見解，吉藏理應不會呵責才對，但是沒有想到吉藏則予以嚴厲的指責，而其理由又是什麼呢？

吉藏以為開善執有一個「一體」的存在，因為如此，所以吉藏提出了自己的二諦論，說二諦「非一非異」的，關於這個概念，他在《大乘玄論》卷一中有如此的一段文字說明，云：

何謂二諦？汝今指空當體，是即但空是諦有非諦，若空有俱諦，何得偏用一空為體，故不然，問第三解，假有是世諦，體假有即空為真諦體，假有是世諦假體有即空為真諦體，若二諦各有體，即應成兩理，有自有為理，空自空為理，碩反，何得辨其相即，問第四解，二諦唯一體以義約之為異者，今何以二諦唯是一體，是何物體為當一有體為當一空體，何處離此空有別有一體。而言以空有約之故二諦之別。問第五解，二諦同中道為體者，今問，汝言若用中道為體，為是二諦攝為是二

54　《三論玄義檢幽集》，（《大正藏》卷七〇，頁427）。

諦外物，彼解云，終是一無名無相，還是二諦攝，此是開善所
用。[55]

又云：

> 若使大經云：世諦者即第一義諦，第一義諦即是世諦，此直道
> 即作不相離，故言即。此語小寬，若如波（般）若經空即是
> 色，色即是空，此意為切也。開善明，二諦一體，用即是即，
> 龍光明，二諦各體，用不相離即，眾師雖多不出此二，今難，
> 若二諦各體如牛角，并違諸經論，不足難也。今問，開善色即
> 是空時，為色起時，空與色同起，故言色即空，為當色未起已
> 有此空，故言色即空耶。若使色未起時，已有即色之空者，即
> 空本有，色即始生，本與始為異，云何相即，本有是常始有無
> 常，常無常異，不得即也，若言常無一體者，燒俗時應燒真
> 諦……二諦俱無常，若是一體而言俗無常真常者，我亦言，一
> 體故俗常真無常，次難汝色即空，為有分際為無分際，若有分
> 際，異體不得相即，若無分際，即混成一體，皆常皆無常，無
> 分際得一即失二諦，有分際得二諦失相即……龍光二諦異體，
> 開善一體，分明，二諦非一非異，離四句為體，亦明，非一非
> 異非不相離即，非即是即。[56]

在《成論》師中主張有、無二諦一體的是開善，其次主張異體的則是
龍光，在前第一段引文中吉藏首先對二諦的意義加以詮釋，在第二段
引文中他介紹了《大經》，也就是《涅槃經》的「不相離即」、「即是

---

55 《大乘玄論》「二諦義」第一，（《大正藏》卷四十五，頁19，上、中）。
56 《大乘玄論》第七「重明相即」項（《大正藏》卷四十五，頁21，下）。

即」（出自《般若經》）前者名有、無異體，只是「不相離」而已。[57]
所以稱為有即無，無即有——「世諦者即第一義諦，第一義諦即是世
諦」。

　　然而如果檢視《般若經》的「即是色」，其實是相同的意思，因
此可以說是一體的。在引文中所說的「色」代表世諦，而其中的
「空」代表的是真諦，也就是第一義諦，由於二者相同，所以稱為
「色即是空，空即是色」。[58]在此我們考察吉藏對龍光的二諦「不相離
即」的異體說，比喻為「牛角」，其意思就是說，如同牛頭上的兩隻
角一樣，完全隔離互不相關係。同時並違背諸經論，當然這裏指的是
違背《般若經》所說的「色即是空，空即是色」的經文內容，除了這
一點之外，吉藏對開善的二諦「即是即」一體說的這個論題，他也提
出了呵責，吉藏認為這會產生三種可能性的矛盾，那就是：

（一）二諦但常，若真即俗時，真應無常。
（二）二諦俱無常，若是一體而言俗無常真常者。
（三）俗（諦）常（真諦）無常。

---

57 中觀家對現象與本性，其不即不離的中道義，釋迦為破當時的外道——婆羅門
　（Brahmana）。婆羅門所主張者為一元論者，把自我看成真實、常住、不變，而佛
　法主要是破除此種思想，重分析、否定。可參看印順法師著：《中觀今論》（臺北：
　正聞出版社，民國七十一年〔1982〕，頁192-203）。
58 《般若波羅密多心經》：「舍利子，色不異空，空不異色；色即是空，空即是色，受
　想行識，亦復如是」，佛明五蘊皆空，首拈色蘊為例，色與空的關係，《般若心經》
　用「不異」、「即是」四字來說明，不異就是不離的意思，也即無差別之義，若色離
　於空，色即不成，空亦不顯、色空、空色二不相離的，所以才說「色不異空，空不
　異色」，於此又深恐一般人不清楚而誤為空是沒有，色是有，所說二不相離而實是
　各別的，空仍是空，色仍是色的現象，為了泯除此種偏執，所以佛又說了「色即是
　空，空即是色」，表示出了空色是二不相離，而且相即的。

這三點吉藏以為其中有所矛盾的地方，於是，最後吉藏對此三點說：「二諦非一非異」，也就是說二諦既不是一體，也不是異體，同時又「非不相離即，非即是即」，其意思是二諦同時既不是不相離即，也不是即是即，而它是超越了四句，即「離四句為體」，是為一不可言詮的，也未曾有、無的絕對真理的。

吉藏的看法當然是在指出龍光、開善兩人的觀點未能把握《涅槃經》或《般若經》的真正內涵及原意，因為這樣才產生了對經中的「不相離即」和「即是即」在理解上有了偏差的地方。

對於開善的一體說，嘉祥大師吉藏再進一步地批評說，對此，在其所著《三論玄義》卷上，有如此的一段文字，云：

> 問、真俗一體，此有何過，答、若俗與真一真，真俗亦真，若真與俗一俗，俗真亦俗；若真真俗不真，則俗與真異，若俗俗真不俗，則真與俗異，故二途並塞一體不成。問、一既有過，異應無咎，答經云：色即是空，空即是色，若言各體，相即便壞，若有雙即，便二體不成。[59]

這裏所詮釋是從前面敍及的有關開善謂真俗一體，故名為一，龍光謂真、俗異體，故名為異，今觀吉藏對彼等的看法均加以呵責，所以說：「不一不異」。[60]

再而文中提及的「真俗一體，它們說的是把真諦和俗諦完全等同

---

59 同註33，卷上，(《大正藏》卷四十五，頁6，上)。

60 《中觀論疏》「因緣品」第一：「不一不異者，惑者既聞不生不滅，不斷不常，便謂真諦理無差別，故名為一，即開善用之，光宅謂真理亦有淺深，故累隔真諦，故名為異，今俱破之，故云不一不異，所以經云，無色無形對一個所謂無相，以一個故不可為異，以無相故不可言一，不一不異名為中道。」(《大正藏》卷四十二，頁26，上、中)。

起來，混然一體，如果這樣一來，那麼真、俗二諦就成立不起來了。又至於說到主張真、俗一體，到底有何錯誤呢？吉藏認為如果俗諦與真諦一體，真諦是真諦、俗諦也是真諦；如果真諦與俗諦一體，俗諦是俗諦、真諦也是俗諦；如果真諦是真諦，俗諦不是真諦，則俗諦與真諦同；如果俗諦是俗諦的話，真諦不是俗諦，於是這樣真諦並不同於俗諦，故而這兩條道路都被堵塞了。最後結果是嘉祥大師認為真、俗一體的主張不能成立，《般若經》說「物質即是空，空即是物質」，[61]假若真、俗二諦各體（異體），就破壞了這種「相即」的關係，若有這兩種「即」的話，同樣的真、俗二體（異體）的主張也不能成立。

　　就以上吉藏對開善有關二諦一體說的偏失以及他個人對此一主題的詮釋，或許可歸納為以下的四點：

（一）俗諦與真諦相同時，則只有真諦，沒有俗諦，於是二諦（真、俗）便不成立。

（二）真諦與俗諦相同時，則只有俗諦，沒有真諦，二諦也有所欠缺。

（三）真諦是真諦，俗諦不是真諦時，則二諦各體，而不是一體。

（四）俗諦是俗諦，真諦不是俗諦時，則同樣是二諦體，與一體的說法大所矛盾。

由於這些原因，所以吉藏認為開善的一體說是不夠周全而有所偏失的。除了以上所指者之外，他又在《中觀論疏》的「燃可燃品」中說：

　　問：真、俗一異有何過？答：一有五過三節，五過者以真從

---

61 《般若經》，（《大正藏》卷八，頁848，下）。

俗，俗無常真亦無常。二以俗從真，真常俗亦常。三真不從
俗，即真與俗異。四俗不從真，俗與真異。五若言體一義異，
即是亦一亦異，體一故亦一義異故亦異，三節者，初二得一
義，次兩是異義，三是亦一亦異。

問：今人多執體一義異有何過耶？答：俗義異真義者，為即真
俗出真外，若即真乃是體一義一，若異真則出真外，佛及弟子
知法性外無法，云何出真外，真俗異體一害經相即之言，二法
性外應有法，佛及弟子便是妄談也。[62]

這裏所引的文字也是針對二諦異體之說提出駁斥，就是文中所敘及的
「五過三節」。並批評為「害徑相即之言」，其意就是違背經典相即的
說法，以及「法性外應有法」的見解。

從以上各方面的論點看來，吉藏以為空、有二諦當中，有諦是執
著，所以是錯誤的；但是，如果把空諦執為實有，同樣也具錯誤
的。至於《成論》師的「空」理，其錯誤的地方就在這裏。

除此之外，還有一點，那就是《成論》師的二諦一體、異體的說
法，這也是沒有澈底了解二諦的意義而產生的錯誤。關於「二諦」意
義方面，（智藏）開善的二諦一體論又名「按瓜二諦」，而龍光的二諦
異體論則又名「鼠嘍栗二諦」。對此吉藏提出了批評與意見，在《二
諦義》卷上，他如此地說：

言學二諦失二諦成一諦者有二種，一者學二諦成空諦，二者學
二諦成有諦，學二諦成一空諦者，諸法於顛倒有名世諦，賢聖
真知性空名第一義諦，明顛倒有為非諸法性空為是，何以故？

62　《中觀論疏》卷第六末「燃可燃品之餘」，（《大正藏》卷四十二，頁96，中）。

> 諸賢聖真知諸法性空，故知，諸法性空定是也，此人聞空故空，
> 聞有亦是空，學二諦唯成一空諦也。學二諦成一有諦者，有二
> 義，一者即鼠嘍栗二諦，二者心無義，鼠嘍栗二諦者，經中明
> 色色性空，彼云：色性空者，明色無定性，非色都無，如鼠嘍
> 栗中肉盡栗猶有皮殼，形容宛然。栗中無肉故言栗空，非都無
> 栗故言栗空也。即空有併成有也。言心無義者。然此義從來太
> 久，什師之前，道安竺法護之時，已有此義，言心無義者，亦
> 引經云：色色性空者，明色不可空，但空於心，以得空觀故言
> 色空，色終不可空也……然此之兩釋，並是學二諦失二諦。[63]

在引文中所提及的「鼠嘍栗義」是指「不空假名」，又名不空二諦，
或不空宗。龍光的「鼠嘍栗二諦」之所以被指為學二諦成一有諦的原
因，主要是他主張「色性空」，「色無定性」，「非色都無」的關係。也
就是說，龍光以為外在的物質世界——「色」，依然是存在的，只是
沒有固有的本質——「無定性」罷了！

　　在前引文中的開始，吉藏提及「有兩種人，失二諦」者，其主要
指明的意思是「不學二諦」和「二諦失二諦」的兩種人，其中第一種
的「不學二諦失二諦」，是說那些未曾聽過二諦之教理的「外道」；至
於第二種的「學二諦失二諦」者，指的是佛教內部誤解二諦的教派，
其教派為大乘和小乘二教派：

（一）小乘——指方廣道人和薩衛人「明諸法性者，不知諸法性
　　　　空」，故「不識第一義諦」。具次是方廣道人，若是學小乘，則
　　　　「於有起邪見」；若是學大乘，則起「邪見空」，因為如此，所
　　　　以方廣道人失二諦。

63　《二諦義》卷上，（《大正藏》卷四十五，頁84，上）。

（二）大乘——這當中又可分為兩種：

1「學二諦成性二諦」者——「間有住有，聞空住空」，乃至「有有可有，有無可無」，因此有無對立，失去「不二」之理。

2「學二諦成一諦」者——在這當中又可分兩種，一是「學二諦成一空諦」、一是「學二諦成一有諦」，前者「聞空故空，聞有亦是空」，而後者「色無定性、非色即無」。

　　吉藏將閒善、龍光的看法提出了批評，龍先是屬於「學二諦成一有諦」這一方面的，其所論述的二諦觀念並不合乎佛典原意，在理解上不夠透澈，由此原因吉藏站在詮釋教義的立場上提出了駁斥。

　　吉藏為了「顯正」，所以對於「外道」或理解偏失的教派都予以指斥，然而吉藏也很清楚地說道「教有多門，理唯一正」。[64]由此看來其觀念也甚客觀，教派雖眾，但教理唯一正觀而已。不可雜出或有所偏見，再而從《中論》中考察，也可以得知其根本的精神內涵，那就是「二諦是佛法根本」，[65]這個見解應具吉藏融貫了前人的意見而提出的，吉藏在《二諦義》卷上開始即云：

> 叡師中論序云：百論治外以閑邪，斯文袪內以流滯，大智釋論之淵博。十二門觀之精詣，尋斯四論者，真若日月在懷無不朗然鑒徹矣，若通此四論，則佛法可明也。師云：此四論雖復名部不同，統其大歸，並為申乎二諦顯不二之道。[66]

---

64 「此論名為正觀，正有幾種？答：天無二日，土無二王，教育多門，理為一正」（《三論玄義》卷上，《大正藏》卷四十五，頁7，中）。

65 同註33，卷下，「次明中論以二諦為宗，所以用二諦為宗者，二諦是佛法根本，如來自行、化他，皆由二諦」（《大正藏》卷四十五，頁11，上）。

66 《二諦義》卷上，（《大正藏》卷四十五，頁78，上）。

由此段文字中吉藏說明了解二諦，則四明，眾經旨了。也就是說佛法的全部重心均統攝於二諦之中，而前面所說的「二諦是佛法的根本」，其主要意義即在此。還有關於三諦學二諦說的完成上來說，這可能是受到了教判的影響，[67] 此一看法在一般佛教宗派的發表上看來也是頗為正確的。吉藏的二諦說，其實也就是一種所謂的判教說的代替。

吉藏的二諦是教，以及其對諦與教諦所明之理由，在《二諦義》卷上，有云：

> 所以明二諦是教有二義，一者為對他，二者為釋經論，為對他明二諦是境，彼有四種法寶，言教法寶，境界法寶，無為果法寶，善業法寶，二諦即境界法寶，有佛無佛常有此境，迷之即有六道紛然，悟之即有三乘十地故，二諦是迷悟之境，今對彼明二諦是教也。言釋經論者，中論云：諸佛依二諦為眾生說法，百論亦爾，諸佛常依二諦，是二皆實不妄語也。大品經云：菩薩住二諦中，為眾生說法，又涅槃經云：世諦即第一義諦，隨順眾生故說有二諦，以經明二諦是教故，今一家明二諦是教也。[68]

此段文字說明了二諦是教的理由。吉藏的二諦應諦是「教二諦」而不是「境二諦」或「理二諦」，因此，說「有」之俗諦和說「無」之真諦，都只是方便的教說，而非究竟的真理。「二諦」原是佛教（包括大乘教和小乘佛教）的一種「通義」，如果從哲學的意義上來說，二諦中的「世俗諦」，它就是指現象、指「事」，而「真諦」（第一義諦），則是指本體、指「理」，或許我們可以這麼說，所謂「二諦」，

---

67 佐藤泰舜著：《支那佛教思想論》，參見該書第五十四頁。

68 《二諦義》卷上，(《大正藏》卷四十五，頁86，中)。

其實就是現象與本體，或者說就是「事」和「理」，如果從教義上來看的話，那麼「世俗諦」就是此岸世界，「真諦」就是彼岸世界了。

進而言之，怎樣為諦？諦是實在，說法雖異，而對象不同，不妨都成真實，因此當青目在解釋這兩頌時，曾經有如此的說明：世俗諦明虛妄法，但對於世間是實在，第一義諦明空法，但對於聖人則為假名不實。在《中論》和《百論》也是如此說法。《百論》在「破空品」中有云：

> 諸佛說法常依俗諦，第一義諦，是二皆實非妄語也。[69]

這也就是三論宗「二諦」理論依據之處。佛法主要在教化眾生徒迷啟悟，從凡入聖，以二諦為立教之根本。對此二諦雖然有諸多不同的解說，然而其最主要的乃是在使眾生徒迷執界轉入到聖覺的境界，一般眾生因無明妄執，認為一切法為真實有的，由此引起生死流轉，如果要眾生解脫，那麼必須了悟諸法是非實有的，悟得法性本空為勝義諦，故而青目《中論釋》「觀四諦品」，云：

> 世俗諦者，一切法性空，而世間顛倒故，生虛妄法，於世間是實，諸賢聖真知顛倒性故，知一切法皆空無生，於聖人是第一義諦，名為實。[70]

這二諦本是不離非空非有之諸法實相的，但凡聖二者執成為偏有，但空二種諦實，即有空二諦，以此有空二諦即稱為「於二諦」或「二於諦」，故吉藏在《大乘玄論》卷第十二諦義第八攝法，云：

---

69 《百論》「破空品」第十，（《大正藏》卷三十，頁181，下）。
70 同註14，（《大正藏》卷三十，頁32，下）。

於諦者，色等未曾有無，而於凡是有名俗諦，約聖是空名真
諦，於凡是有名俗諦故，萬法不失，於聖是空名真諦故，有佛
無佛生相常住。[71]

蓋諸法實相，不待世俗執有而增，亦不待聖者體空而滅，故知此「二
於諦」並非是究竟理竟，只是佛院言教方便之所依而已，也就是如青
目所釋云：「佛依是二諦，而為眾生說法」（《中論》「觀四諦品」），
「是二諦」即「二於評」，「為眾生說法」即是「教諦」，故吉藏又云：

教諦者，諸佛菩薩了色未曾有無，為化眾生故說有，無為二諦
教，欲令因此有無悟不有無故，有無是教，而舊義明二諦是理
者，此是於諦耳。[72]

「舊義明二諦為理」，這是指三論宗以外之其它宗派大多執二諦為理
而言，執二諦為理之說，是不契佛意的。因為佛說有「二於諦」，只
是佛為渡化眾生而假名安立之「教二諦」，而「教二諦」之目的，則
於此真俗二諦而悟入真俗不二之中道。

　　再而，關於「教二諦」主要在申「不可得空」之旨，如果再詳論
之，則「教二諦」可開展為「四重二諦」，即：據《大乘玄論》第一
卷，四重二諦之說，如下表：

第一重　┌── 有─俗諦
　　　　└── 空─真諦

71　《大乘玄論》卷第一，「二諦義」第八攝法，（《大正藏》卷四十五，頁23，中）。
72　同註71。

此破毘曇宗實有實空二諦，雖空而宛然假，雖有而宛然空。

第二重 ── 空有／非空非有

此破成實師假有假空之二諦，即假有假空是俗，有空不二，故非有非空是真。

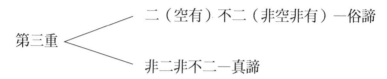

第三重 ── 二（空有）不二（非空非有）─俗諦／非二非不二─真諦

謂「對大乘師他依分別二為俗諦，依他無生分別無相不二真實性為真諦，分明，若二若不二皆是我俗諦，非二非不二，方是真諦」。

　　二諦雖有四重，其實均在破斥一切有所得之說，而申「不可得空」，三論宗之二諦義，除兩種諦及四重二諦外，全由於當時各宗派思想之刺，因本於三論「畢竟空」「無所住」之旨趣，在理論上作更進一步之開展與發揮。

　　在於二諦的教義，除了前面所舉者之外，吉藏在《三論玄義》卷上也有云：

> 迷失二諦凡有三人，一者毘曇，執定性之有，迷於假有，故失世諦，亦不知假有宛然而無所有，復失一真空；二者學大乘者，名方廣道人，執於邪空，不知假有，故失世諦，既執邪空，迷於正空，亦喪真矣。三者即世所行，雖具知二諦，或言一體，或言二體，立二不成，復喪真俗也。[73]

73 同註33，卷上，（《大正藏》卷四十五，頁6，上）。

對二諦的錯誤理解，甚至是迷惑不解的約有三種人：

（一）以毘曇為經典的說一切有部教徒，他們主張有自性的「有」（獨立存在的定性有），不懂得是假有，這就迷失了俗諦，也不知道假有，好像是「有」，實際上是無所有的「空」，這也就迷失了一種真實的「空」

（二）學習大乘教的方廣道人，主張錯誤的空，不知道虛假的「空」，所以迷失了俗諦，既然主張錯誤的「空」，對正確的「空」即迷惑不解，這也就喪失了真諦。

（三）世間人的一般認識，對真、俗二諦雖然都知道，或者說真、俗二諦完全等同，混然一體；或者說真、俗二諦，毫不相同，這些看法，真俗二諦都會成立不起來，又把真、俗二諦喪失了。三論宗認為，世間一切事物都是因緣和合的產物，因此都沒有自性，都是虛幻不實的，它就像水中月、鏡中花一樣，因此稱之為假有。接著讓我們來看看關於俗諦和真諦兩者相待的關係。吉藏在《二諦義》卷下，云：

俗不定俗，俗名真俗；真不定真，真名俗真。[74]

這段引文是說：俗諦不是由俗諦本身規定的，要以真諦為其目標，所以稱為「真俗」；真諦也不是由真諦本身規定的，要以俗諦為其階梯，故稱為「俗真」，可見真諦和俗諦是相輔相成的；同時我們也可以說，真諦主要是在講「空」，而俗諦主要是在講「有」，在「空」與「有」的兩者之間，也可說構成了對矛盾的關係，然而真諦的「空」不是空無、而是無自性，俗諦的「有」不是真有，而是幻有，故而

74　《二諦義》卷下，（《大正藏》卷四十五，頁112，上）。

真、俗二諦互相依存，互相聯繫、對立，雖然是如此，但是兩者間又可說是統一的，但是，這裏所說「統一」，並非所謂的「一體」，所以吉藏在《諦義》中有云：

> 明俗真義，真俗義，何者？俗非真則不俗，真非俗則不真；非真則不俗，俗不礙真；非俗則不真，真不礙俗，俗不礙真，俗以真為義，真不礙俗，真以俗為義。[75]

這段文字清楚地把本來相互對待的真、俗二諦頗有相互等同的意義存在。

吉藏的四重二諦，其實是對毘曇、成實地論、攝論四宗而提出來的批評，他在《大乘玄論》卷下中，曾有如此說明：

> 問：何故作此四重二諦耶？答：對毘曇事理二諦，明第一重空有二諦、二者，對《成論》師空有二諦，汝空有二諦是我俗諦，非空非有方是真諦，故有第二重二諦也。三者，對大乘佛依他分別二為俗諦；依他無生分別無相，不二真實性為真諦，分明，若二若不二，皆是我家俗諦；非二非不二方是真諦，故有第三重二諦。四者大乘師復言，三性是俗，三無性非安立諦為真諦，故今明。汝依他分別二，真實不二，是安立諦；非二非不二，三無性非安立諦，皆是我俗諦，言忘慮絕方是真諦。[76]

從這段引文內容看來，吉藏所說的「空有二諦」，其主要的是針對毘曇的「事理二諦」而提出的，至於他們以提出此看法及批評？這他在

---

75 《二諦義》卷中，(《大正藏》卷四十五，頁95，上)。
76 《大乘玄論》卷第一，(《大正藏》卷四十五，頁15，下)。

《二諦義》卷上曾有如此的說明，云：

> 毗曇亦明二諦義，謂十六諦理、苦、無常等為第一義諦，刀、
> 杖逼迫等事苦為世諦彼就事，理判二諦也，分明，此判二諦
> 也，分明，此判二諦例，何者？理之與是世諦，諸法性空乃是
> 第一義諦。[77]

此段引文中所謂的「十六諦理」者，其所指者為苦、集、滅、道等四
聖諦之下的十六種變化。[78]關於這點，吉藏認為，毗曇宗把十六種諦
理看作是第一義諦，而把刀、杖等苦事看作是世諦，毗曇宗的這種二
諦觀念，吉藏認為並非真正的二諦，真正的二諦是一重的空有二諦。
　　再而吉藏也認為《成論》師所說的「空有二諦」，其內容與大乘
一樣地讓我、法二空，但它是屬於「拆法明空」，也就是《成論》師
把「色法」分析成色、香、味、觸等四微，把「心法」分析成相續的
一念一念，甚而把世間的事物依其相對待而分成君臣、父子、大小的
不同，關於這一點，吉藏則認為如此的空義，並非表達真正的空，它
是屬於「拆法明空」並。[79]然而到底怎樣的「空」，才是真正的「空」
呢？吉藏在《大般若經》卷四，「初分學觀品」中，曾這樣地說：

77　《二諦義》卷上，（《大正藏》卷四十五，頁84，下，頁85，上）。

78　在此所指者為於每一諦之下都有四種「行相」，這也就是每一諦的等殊內容，例
　　如：「苦諦」下有常、苦、空、非我四種行相；「集諦」下有因、仕、生、緣四種行
　　相；「滅諦」下有滅、盡、妙、離四種行相。而「道諦」下則有道、如、行、出四
　　種行相。毗曇宗者認為悟道或解脫，必須用智慧來回重複觀察此十六種四諦之變化
　　情形。

79　「次成論聞世諦謂是第一義諦者，明諸法有為世諦，拆法空為第一義諦，今明諸法
　　有拆法空。是世諦，何者，今就性空非性空以判二諦，性空為第一義諦非性空為世
　　諦」，（《二諦義》卷上，《大正藏》卷四十五，頁85，上）。

> 色自性空，不由空故，色空非色，……受想行識自性空，不由
> 空故，受想行識空非受想行識。[80]

在這裏清楚地指出了色、受、想、行、識等萬法的空，是屬於「自
性」的空，也就是說事物自己的本質的空，並非是說由於佛陀提出了
此一「空」的概念之後，萬法才變成空的，由此《成論》師的第一重
二諦，必須以二重二諦來加以否定，再而我們從前面所論的諸點看
來，吉藏所詮釋的，實乃《般若經》「性空」思想的主要精神所在。

至於吉藏的第三重二諦方面，他是在批判《攝論》師的「三性」
說的，吉藏認為：

（一）九識說。[81]

（二）三性、三無性說。

就第一項而言，「九識說」，此乃真諦的特殊主張，也是區分中國早期
兩派唯識學，《地論》師與《攝論》師的重要標準之一。

其次，「三性、三無性說」，關於這點，吉藏曾介紹為：依他性、
分別性、真實性，而三無性則是阿摩羅識，亦即是人，法二空的道
理。[82]

然而，在真諦所譯的《轉識論》中也提到「三無性」，二諦及
「二性」之間的關係，其文云：

> 然一切諸法但有三性、攝法皆盡……前二是俗諦，後一是真

---

80 《大般若經》卷四，(《大正藏》卷五，頁17，下)。

81 所謂「九識」，在唯識所立的八識加上菴摩羅識（amata）（或譯「無垢識」、為第八
「清淨識」）而為九識。天臺宗及華嚴宗等所說，然而在法相宗方面，無垢識則為
第八阿賴耶識。《法苑珠林》九十八卷，(《大正藏》卷五十三，頁1005，上)。

82 《大般若經》卷四「初分學觀品」，(《大正藏》卷五，頁17，下)。

諦、真、俗二諦攝一切法皆盡。三無性者，即不離前三性，分別性名無相性，無體相故，依他性名無生性，體及因果無所有，體似塵相，塵即分別性，分別既無體亦是無也。因亦無者，本由分別性為境，能發生識果；境界既無，云何生果？如種子能生芽；種子既無芽從何出？是故無生也。真實性名無性性，無有性，無無性，約人法故無有性，約二空故無無性，即是非有性，非無性故，重稱無性性也。此三無性，是一切法真實，以其離有故名常。[83]

文中所言者，主要是說明三性把一切事物完全歸納起來，而後分別為真、俗二諦，如果更進一步地說的話，那就是一切世間（俗）和出世間（真）法的本質，不外是三性，在此吉藏認為這還是有三種「無性」的執著，因此必須用第四重二諦來加以駁斥。

　　前面所論述的乃是有關吉藏對毗曇，成實及攝論師的「二諦」理論的批評，並及詮釋了有關「性空」觀念，無可諱言的，吉藏在提出駁斥時，當然是站在以《般若經》思想為基礎而論說的。

　　在吉藏的思想體系中「二諦」可說具極重要的一環，所以在《觀四諦品》中就有云：

諸佛依二諦，為眾生說法，一以世俗諦，二第一義諦，若人不能知，分別於二諦，則於深佛法，不知真實義。[84]

這是說，所有的佛都依據二諦為眾生說法，第一依據世俗諦，第二依據第一義諦，也就是真諦，如果有人不能清楚明白或分別這三諦，對

---

83 真諦譯：《轉識論》（《大正藏》卷三十一，頁63，中）。
84 同註14，（《大正藏》卷三十，頁32，下）。

於深奧的佛法，就不知道它的真實的精神內涵所在了。

　　又，如《百論》「破空品」中，有云：

　　　　諸佛說法，常依俗諦，第一義諦，是二皆實，非妄語也。[85]

這段文字是說，所有的佛演說佛說，往往依據俗諦和第一義諦，俗諦
對於俗人來說是真實的，第一義諦對於佛教「聖人」（注：佛，菩
薩）來說是真實的，這二諦都是真實之說，並非虛妄言語。

　　在《十二門論》第八品「觀性門品」中也云：

　　　　若人不知二諦，則不知自利、他利、共利。[86]

　　這裏的「自利」是使自己覺悟的意思，「他利」則是使其他人覺
悟，而「共利」是使自己和其他人都覺悟，佛教認為，修學佛法，不
外是自利、他利、共利這三利，如果一個人不知道二諦，也就是不知
道「三利」，我們從前面所引各點看來，可以知道三論對二諦是相當
重視的。關於這一點，吉藏也曾云：

　　　　十方諸佛，常依二諦說法，故眾經莫出二諦，眾經既不出二
　　　　諦，二諦若明，故眾經皆了也。[87]

吉藏在這文字中所要闡明的是，在東、南、西、北、上、下、東南、
東北、西南、西北十方的一切佛，常常依據二諦演說佛法，一切佛經

85　《百論》「破空品」，（《大正藏》卷三十，頁181，下）。
86　《十二門論》第八品「觀性門品」，（《大正藏》卷三十，頁165，上）。
87　《二諦義》卷上，（《大正藏》卷四十五，頁78，上）。

都不出二諦，只要明白了二諦，對一切佛經都可明瞭了。

佛教所說「二諦」，自從鳩摩羅什以來，三論教學就與「二諦」有了密不可分的關係，例如：羅什的弟子曇影在《中論序》中就說：

> 時有大士，厥號龍樹，爰託海宮，遠無生忍，意在傍宗，載隆遺教，故作論以析中，其立論意也，則無言不窮，無法不盡，然統其要歸，則會通二諦。[88]

這裏曇影清楚地說明了舉「二諦」作為《中論》的主要意旨，其次在《二諦義》卷中「記法朗臨終登商座付囑門人」中也云：

> 我出山以來，以二諦為正真。[89]

由此也可看出攝山三論學具以宏揚二諦觀為使命的。吉藏在法朗門不修習有年，當然對「二諦」的思想觀念一定是有著深刻的認識，所以他曾經說過：「二諦是佛法根本，如來自行化他，皆由二諦。」[90]同時他也曾在《二諦義》卷上中強調云：

> 若解二諦，非但四諦可明，亦眾經皆了，何以知然？故（中）論云：「諸佛常依二諦說法」，既十方諸佛，常依二諦說法，故眾經莫出二諦，眾經既不出二諦，二諦若明故，則眾經皆了也。[91]

---

88 曇影：《中論序》，（《大正藏》卷五十五，頁77，上）。
89 《二諦義》卷上，（《大正藏》卷四十五，頁78，上）。
90 同註33，（《大正藏》卷四十五，頁11，上）。
91 《二諦義》卷上，（《大正藏》卷四十五，頁78，上）。

吉藏對「二諦」的理解可說是十分透澈的，進而也說明了「二諦」是總攝了一切佛法的。

在《般若經》處處申說性「空性」，說菩薩依般若波羅蜜知一切法空，「空性」是可藉般若波羅蜜而體驗到的，般若波羅蜜是無分別智，是超越把事物視為對象的分別的智慧的作用。[92]《般若經》常說，菩薩不見色，不見色想行識，不見法，不見佛的三十二相。如此，不管是什麼事物，都不執著有實體（不見），可說是般若波羅密中「無分別智」的特徵。[93]那麼，為什麼菩薩不見事物、不見一切法呢？因為事物是空，由於一切事物本來是空，所以菩薩不見一切法。因為這樣，相信菩薩「不見一切法」的說菩薩知道「一切法空」，而龍樹說這是「知者見真實」，[94]而見真實的智慧，就是般若波羅密（般若的智慧）。

說一切法空的《般若經》依據佛陀所說的「無我」的本質，使之展開為大乘的「空的思想」；「諸法無我」，可以改說為「一切法空」，因此無我的思想，在哲學（理論）與宗教（實踐）兩面被反省、深化。再而說「一切法空」，也就是說一切事物是空的，《般若經》的思想，為龍樹所繼承，而產生出了「空性」的哲學。

我們知道中觀派所說的「空」的思想，其所強調的內容是，「空」不是藉否定一切存在而說與有相對的無，若以為空是在說一切

---

92 說無分別智與般若波羅蜜同義的是《攝大乘論》，但是這點《般若經》與龍樹已談過，舉例而言，如：「諸菩薩摩訶薩行般若波羅蜜，無諸憶想分別，所以者何；般若波羅蜜中無諸憶想分別著」（《大品般若》「夢誓品」），《大正藏》卷八，頁355，下）。

93 上田義成著：《大乘佛教の思想》，「レグルス文庫」。（東京：第三文明社，1989年增補版），頁11-12。

94 關於「見真實」（tattva-darsana），龍樹在《六十頌如理論》第五頌中也提及：「因見真實而沒有對世間（輪迴）與涅槃的妄想（分別）」。

為無，則如實在論者所批評的那樣，「空」是虛無，把一切化為無，便一切不成立，那恰好是龍樹自己所要否定的虛無邪見「無見」，可是「空」不是與「無」同義，中觀派不是和實在論者站在同立場，承認實體而說「有」的哲學，而主張「無」，把「無」說作「空」的，龍樹所強調「空」的觀念是如此，一直到後來三論宗集大成的吉藏也是如此，僅是三論宗發展到隋唐。吉藏的時候，在詮釋各方面雖有了些許的進展，例如：吉藏對其他不同意見的佛教學者提出了駁斥，那是為了要「破邪顯正」，建立吉藏教義為中心，其中破外教（批評外教）、破「毘曇」（小乘「有部」）之「執者」，破「成實宗」的「偏空」，破大乘「有所得」之執等，當然我們知道，大乘佛教的基本原理，或說整個佛教的共同立場──就是主張以「空」為重心，但是佛教對「空」的解說，有各種不同的看法與表達的方式。比如：原始佛教由「無我」而表達「空」的思想，部派佛教由「入無我」或「滅論」表達「空」的道理，而到了龍樹則以「無自性」（無實體）或「中道實相」說明空觀思想的內容。「無著」（Asamga）依「境識俱泯」顯示「空」的境界，這些「空」思想的佛教哲學，自鳩摩羅什東來，傳譯了三論（《中論》《十二門論》《百論》）及大品般若等經論以後，印度的正統空觀才正式傳入了中國，由經典傳譯的不停地發展，開展出了佛教傳的空間，而這時期所傳內容僅止於三論傳說，然而就佛教史的觀點而言，此期的三論宗學稱為右三論，至於到了嘉祥吉藏大師闡明三論的奧義，大成了三論空宗，則稱之為新三論。

結論

從前面所論析的各點看來，吉藏從「空」的觀點，而建立了中國佛教思想基礎，糾正了兩晉南北朝時代佛教空觀的誤謬，以三論

「空」為中心，統一了兩晉南北朝時代的佛教思想，進而破斥外道。
破毘曇的執有，破成實宗的執無，把梁代極具興盛而被認為是大乘的
成實論降級為小乘論，並破成實宗及當時大乘師二諦論的各種異說，
且也破當時的攝論、涅槃等大乘師的有所得之說，吉藏一一加以批
評，革新教界，而大成了三論空宗。

第四章

吉藏的判教觀*

前言

　　在還沒進入探討有關吉藏的判教課題之前，首先對於判教產生之主因及其內容作個說明。當鳩摩羅什把「三論」（《中論》《百論》《大智度論》）譯為漢文，傳入中土後不久，而《大般若涅槃經》隨著也傳到了中土，這部經典是由〔北涼〕曇無讖漢譯，漢譯流傳時間約在玄始十年（西元421年）左右。全經共三十六卷。可能當時曇無讖的譯筆不夠流暢，於是又經劉宋時期的慧嚴、慧觀、謝靈運等人改譯而成，關於這部《大般若涅槃經》的內容主要是在表述大乘有宗思想，因為這樣，它和「三論」所宣揚的空宗思想理論上而言，就產生了矛盾互相不一致的地方，而到後來的發生爭辯，於是，在這當中鳩摩羅什的弟子慧觀開始起來判教，其判教的主張是把佛教各經歸納為「一教五時」，而「三教」則是頓教（《華嚴經》）和漸教，再來，又把「漸教」分為五時，所謂「五時」所指的是：

一　三乘別教，為聲聞乘人講四諦法，為群支佛（緣覺乘）講十二
　　因緣，為大乘人（菩薩乘）講六度。

二　三乘通教，即《般若經》，因為這部經對聲聞乘、緣覺乘和菩
　　薩乘都可以進行教化。

* 本文刊登於《中國学の十字路──加地伸行博士古稀紀念論集》（東京：研文出版
〔山本書店出版部〕，2006年6月）。

三　抑揚教，即《淨名》《思益》等經，因為這些經抑挫聲聞，贊
　　揚菩薩。

四　同歸教，即《法華經》，因為這部經將聲聞、緣覺、菩薩三
　　乘，同歸一乘一佛乘，即大乘。

五　常住教，即《涅槃經》，因為這部經主張佛常住於涅槃。

　　慧觀在中國佛教是第一位起來判教的人，他將佛教分為「一教五
時」，但是吉藏並不贊成慧觀的這一判教主張，他認為應當區分大乘
和小乘兩種，不應當區分五時，[1]這是什麼原因呢？因為在吉藏看
來，不管是大乘經，還是小乘經，其主要的內容都是在顯明佛道，以
無所得為其宗旨，因為如此，所以吉藏又提出了所謂的「三藏三輪」
的判教主張，「二藏」是指聲聞藏（小乘佛教）和菩薩藏（大乘佛
教），至於「三輪」則是三轉法輪。[2]其實吉藏的一「二藏三輪」觀，
並非他自己創立的，而是有所承繼的，前者承自菩提流支，[3]後者繼
之其業師法朗，[4]以上所敘者僅的當時判教的主要起因。

1　《三論玄義》卷上：「但應立大小二教，不應制於五時」（《大正藏》卷四十五，頁
　　5，中）。

2　釋尊的教說分為三者，根本法輪、枝末法輪及攝末解本法輪。
　一　根本法輪指的是釋迦初成立時，對菩薩們所說：「一因一果」的道理，這就是
　　　《華嚴經》。
　二　枝末法輪指的是為那些「福薄鈍根之流」所宣說的「三乘」的道理，其中包括
　　　《阿含》《維摩》《般若》等經。
　三　攝末歸本法輪這是指為那些經過「枝末法輪」的陶練，以致身心都已淳熟之眾
　　　生而宣說的「一乘」道理，其代表經典為《法華經》。
　　「輪」是轉輪聖王（佛教的理想君王的「輪寶」），「法」即佛法，「法輪」是說佛法
　　像轉輪聖王的「輪寶」一樣，可以推破眾生的煩惱。

3　吉藏著《勝鬘經寶窟》云：「從菩提留支度後至於即世，分佛教為半、滿兩宗，亦
　　云聲聞，菩薩二藏」（《大正藏》卷三十七，頁6）。

4　《續高僧傳》卷十一，稱吉藏的師傳是道朗，實為法朗之誤，道朗何許人也，僧傳
　　內無載。在吉藏傳中所稱與皇道朗應是興皇法朗之誤，吉藏十四歲始學《百論》十

　　因此我們或許可以瞭解到，所謂判教，站在佛教某一部經論的立場，將佛陀所說的一代的教法，作一淺深的次第來分類佛陀一代時教的教相，這叫做「判教」（也就是「判釋教相」）的意思，然而關於佛教的判教問題，在基本上有兩種看法，即：

　　一、認為不須有判教的設施，不必分別諸經類別，不須建立教相的淺深優劣，把各種佛法歸納於同一至理就可以，例：一音教、三論教。

　　二、須要將佛陀各種教法加以分類，建立淺深優劣次第，建立各自的宗旨為一宗，例如：法相宗的三時教，天台的五時八教判，華嚴五教十宗判等，如果以表示列出的話，則如下：

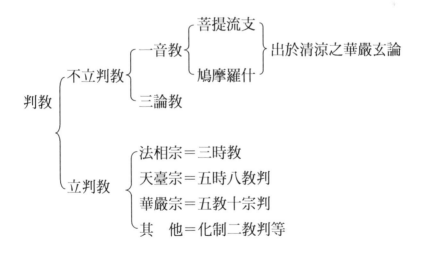

一　吉藏的判教立場

　　就中國佛教發展史上來說，嘉祥大師是隋唐時期，三論宗的集大

九歲已顯出驚人之記憶力，復述法朗師的講義，一無所遺，二十一歲時受具足戒。三十三歲時法朗去世。

成者，他除了對鳩摩羅什所譯的三論經典加以注疏外，同時在其中作
了詳細透澈的詮釋大乘佛教的內涵思想，其主要教學以無得正觀為基
本重心，而吉藏的此一概念，當然也是承接其業師法朗的精神而來
的。吉藏自幼即在法朗處薰習教義，而受其影響的情形是難免的，再
而若從佛學思想史的發展上而言，自法朗以來，攝山三論學便是以
「無得」「不住」「無所得」無中心教義，至於這點關係，我們可以從
吉藏的《勝鬘經寶窟》卷上，就有法朗平時常以「無得」之教義訓勉
其門人的記載，其文云：

> 家師朗和上，每登高座，誨彼門人，常云：言以不住為端，心
> 以無得為主，故深經高匠，啟悟群生，令心無所著，所以然
> 者，以著是累根，眾苦之本以執著故，三世諸佛敷經演論，皆
> 令眾生心無所著，所以令無著者，著者是累根，眾苦之本。以
> 執著故，起決定分別，定分別故，則生煩惱，煩惱因緣，即便
> 起業，業因緣故，則受生老病死之苦。[5]

而吉藏承其師之學而發揮之，並強調了佛所說法的本意，主要是在以
「無所得」教去破除凡夫取相的心理，故其在《法華玄論》卷一有云：

> 又佛說教者令心同教，不令教同心，心以存相為根，教以無得
> 為主，若心同教，教既無得，即心無所得，乃名說教。[6]

吉藏承繼法朗之思想而加以發揚光大，除此之外，對於「無所得」的
觀念，他也提出諸多的說明，比如其在《三論玄義》卷上，就有如此

5　同前註3，卷上，（《大正藏》卷三十七，頁5，下）。
6　吉藏著：《法華玄論》卷一，（《大正藏》三十四，頁363，上）。

一段大字詮釋，云：

> 問、心有所著，有何過耶？答、若有所著，便有所縛，不得解
> 脫生、老、病、死、憂、悲、苦、惱。故《法華》云：我以無
> 數方便，引道眾生令離諸著。《淨名》云：不著世間如運華，
> 常善入於空寂行，達諸法相無罣礙，稽首如空無所依。三世諸
> 佛，為六道眾生心所有所著，故出生說經，四依開土，為大、
> 小學人心有所依，故出世造論，故有依有得為生死之本，無住
> 無著為經，論大宗。[7]

在這裏所說到的「縛」，它是指煩惱的異名，而至於「解脫」，在梵文
為Moksa，其意為擺脫塵世煩惱的繫縛，以達涅槃之境。關於一個人
的心如果有所執著，到底有什麼過錯呢？對此吉藏認為，如果有所執
著，則有所繫縛，不能擺脫生、老、病、死、憂、悲、苦、惱。故而
他再舉出了《法華經》中經文云：「我以無數權巧方便辦法，引導眾
生，使之擺脫各種執著」，又舉《淨名經》云：「就像蓮花那樣不執著
於世間，常修善法入於空寂，以達到認識各種事物的性相都自由自
在，毫無阻礙，向如空無所依的佛致敬」以資證說，再而，過去世的
迦葉佛，現在世的釋迦牟尼佛及未來世的彌勒佛，因為六道眾生之心
有所執著，所以才出世說經，四依菩薩龍樹，學習大乘和小乘，最後
出世造論，雖然如此，然而佛所宣說的經和菩薩所造的論，在三論宗
看來，佛教經、論都是權巧方便法門，真正的佛法是不可說也不可想
的。三論宗同時也稱，真正的佛法是「言七慮絕」，動口即錯，動念
即乖，所以聽法的人不能停止在佛和菩薩的說教上（「無住」）、不能
有所執著（「無著」），這樣才是佛教經、論的根本宗旨，也正如《般

7　吉藏著：《三論玄義》卷上，（《大正藏》卷四十五，頁7，上）。

若波羅蜜經》（卷五六九）所說：「無可執著是法真實，若著真實，即是虛妄」、[8]「以不著故，即非虛妄，無所執著，心即無礙」。[9]

　　以上所論者為吉藏佛學思想中「無得正觀」的內涵精神，由於他持有如此師承三論學說的淵源與學統關係，故而其在闡揚大乘佛教的正統觀念上就顯得特別清楚與澈底，同樣地其在判教的立場上而言也十分的強烈！

　　然而就文獻上的記載考察看來，吉藏的判教思想之發端大約是在五十歲左右，也可說當他從撰著《三論玄義》時開始，且其中的某些內容或許還源自「山門」的祖述，至於他的判教思想的成熟階段則應該算是在他晚年時研讀了《法華經》和世親的《法華論》以後。

　　進而提到教判這個問題，其實它的主要目的是用來批評《成論》師和《涅槃》師的「五時教判」，可是當《攝論》師出現之後，於是便與北方的《地論》師共同提出了「三宗」、「四宗」的說法，而吉藏的批判於是擴充到這些說法上面，就一般的考察看來，吉藏的判教思想，或許可以分成兩方面來探討。

　　其一，祇分別諸徑之部類，而不判其淺深優劣方面。

　　其二，分別諸徑部類而又判其淺深優劣方面，以定自宗所依經典之位置者。

　　至於諸宗之判教，如法相的三時，天台的五時八教，華嚴的五教十宗，真言的十住心等。皆屬於第二種，然而例如菩提流支的一音教，則是屬於第一種，關於三論宗的判教則屬於第一種。

　　至於再說吉藏對漸教五時的批判情形，到底又是怎麼樣的呢？關於這點，他在《三論玄義》一書中有云：

8　鳩摩羅什譯：《大般若波羅蜜多經》（六百卷）《般若波羅蜜經》卷五六九，（《大正藏》卷七，頁938，中）。

9　同前註8，（《大正藏》卷七、頁938）。

問、若立五時，有何過耶？答、五時之說非但無文，亦復害
理，若言第一名三乘別教，是義不然，依毘曇宗，三乘則同見
四諦，然後得道，就成實義，但會一滅，方乃成聖，據大乘
宗，同契無生，然後隔凡，是則初教亦道，何以言別。[10]

在這裏開始有「五時之說，非但無文，亦復害理」，且吉藏從道理上
去推論「五時教判」的錯誤，五時教判的第一時是《阿含經》的「三
乘別教」，亦即為聲聞、緣覺、菩薩分別宣說四諦、十二因緣和六度
的道理。

再而吉藏分別從思毘曇宗，《成實論》和一般大乘的說法，來證
明聲聞、緣覺、菩薩等三乘，都是認識了「四諦」乃在「無生」的道
理之後才達到涅槃之道，就《成實論》的意義說，只要認識了四諦之
一的滅諦，就可以成為佛教「聖人」，根據大乘佛教觀點，達到無生
無滅的涅槃境界，才能與凡世隔絕，這種道理，就連聲聞、緣覺、菩
薩三乘之初的聲聞乘，都可通達，怎能說是判教呢？

吉藏接著又云：

次云：《大品》是三乘通教，是亦不然。釋論云：般若不屬二
乘，但屬菩薩，若《大品》是三乘通教、則應通屬，何故不屬
二乘？問、若依《釋論》，明般若但屬菩薩，在經何故勸三乘
同學《般若》？答、般若有二種，一者，摩訶般若，此云大
慧，蓋是菩薩所得，故不屬二乘，若以實相之境名為般若，則
三乘同觀，故勸三乘令並學之，經師不體三種之說，便謂般若
是三乘通教。[11]

10 同前註1，卷上，(《大正藏》卷四十五，頁5，下)。
11 同前註，卷上，(《大正藏》卷四十五，頁5，下、頁6，上)。

在這段文字裏，我們可以很清楚地看出，吉藏引《大品般若經》的注釋──《釋論》，也就是龍樹的《大智度論》來證明《大品般若經》是三乘通教的說法是錯誤的。《大智度論》稱：般若智慧不屬於小乘佛教的聲聞和緣覺乘，祇屬於菩薩，如果說《大品般若經》是三乘通教，應當屬於聲聞、緣覺、菩薩三乘，為什麼不屬於聲聞、緣覺二乘呢？然而，如果依據《大智度論》說明般若祇屬於菩薩，為什麼《大般若經》勸三乘人都學般若經呢？關於此點，或許可以如此解析，有兩種般若智慧，一是摩訶般若，意譯大慧，都是菩薩所獲得，所以不屬於聲聞、緣覺二乘，如果把諸法實相的境界稱之為般若（實相般若），三乘人都可理解，所以勸三乘人都覺《般若經》，經師慧觀不懂得般若有兩種說法，便說《般若經》是三乘所能共通學習的經典。

其次，慧觀的五時教判是第三時的「抑揚教」，在這裏所指的是《維摩詰經》等貶抑小乘，讚揚大乘的經典，對慧觀的看法，吉藏在《三論玄義》中亦有如下的批評，云：

> 次云《淨名》是抑揚教者，是亦不然，《大品》呵二乘為癩狗，《淨名》貶聲聞為敗根，挫小既齊，揚大不二，何得以大品為通教，《淨名》為抑揚？次《法華》為同歸，應無所疑，但在五時之說，雖辨同歸，未明常住，而天親之論釋《法華》初分，有七處佛性之文，解後段壽量品，辨三身之說，斯乃究竟無餘，不應謂為不了之教，次涅槃為常住教者，然常與無常皆是對治用門，若論涅槃，體絕百非，理超四句，舊宗但得用門，未識其體，故亦失旨也。[12]

---

12 同前註，卷上（《大正藏》卷四十五，頁6，上）。

在此吉藏批判說,《維摩經》是抑揚教,這也不正確,《大品般若經》
呵斥聲聞、緣覺二乘傻狗,《維摩經》貶斥聲聞是敗根,二者在挫折
小乘方面是一致的、在讚揚大乘方面是相同的,怎能稱《大品般若
經》是三乘通教,稱《維摩經》為抑揚教呢?再而吉藏又說《法華
經》是同歸教應當是沒有疑問的,但是在五時教判理論當中,雖然辨
明同歸佛乘,但是並未說明佛性常住不滅,世親解釋《法華經》的
「妙法蓮經優攸提舍」的前面部分有七個地方講到佛性。[13]在解釋後
段「壽量品」的時候,又辨明法身、報身、應身三身學說。[14]這可以
說是佛教道理講得究竟無遺了,不應當稱之為不了了之教,然後批駁
《大般涅槃經》為常住教,然而說「常」是為了對治「無常」,說
「無常」是為了對治「常」,所以常與無常都是對治用門、如果說槃
的話,它什麼都不是,只能用一系列的否定來表達,其道理超越了
「有,無,亦有亦無,非有非無」四句,最後吉藏批評慧觀不懂
「常」與「無常」,只是「對治用門」,並未認識涅槃的本體,所以喪
失了《大般若涅槃經》的主要內涵意義。

　　至於慧觀的五時教判中的第四時是《法華經》的「同歸教」,也
就是三乘「同歸一極」,眾生皆可成佛,關於這一點,吉藏認為這說
法有錯誤,而其中的錯誤則是出在五時教判把《涅槃經》判為唯一暢
談「常住」的究竟經典,這樣一來,(法華經)於是便成了不談「常

---

13 〔元魏〕勃那摩提,僧朗等翻譯的《妙法蓮華經論優波提舍》「那分(第一章)有
　　七處佛性之文」,即:一、「方便品」的「諸佛智慧」,二、「方便品」的「諸法實
　　相」,三、「方便品」的「佛知見」,四、「方便品」的「諸法從本來」,五、「譬喻
　　品」的「我等同入法性」,六、「法師品」釋論所說的「知佛性不遠」,七、「不輕菩
　　薩授惡人記」的釋論所說的「示諸眾生皆有佛性」。(《大正藏》卷二十六,頁9)。

14 「示現成大菩提無上故,示現三種佛菩提故:一者示現應佛菩提……。二者示現報
　　佛菩提……。三者示現法佛菩提」《妙法蓮華經論優波提舍》「譬喻品」,((《大正
　　藏》卷二十六,頁9)。

住」的不了義經了。所謂「常住」，其意所指的是佛性而言，佛教認
為佛性是永恆的，常住不滅的。至於有關吉藏的認為暢談「常住」之
理才是了義經，由此吉藏在《三論玄義》中，云：

> 次法華為同歸，應無所疑，但在五時之說，雖辨同歸，未明常
> 住。[15]

接著，吉藏在《三論玄義》中也有如此的一段文字，云：

> 次涅槃為常住教者，然常與無常皆是對治用門，若論涅槃，體
> 絕百非，理超四句，舊宗但得用門，未識其體，故亦失旨也。[16]

我們知道慧觀五時教判的第五時是《涅槃經》的「常住教」，他認為
《涅槃經》所宣說的是最究竟的佛陀，佛法「常住」的道理，可是在
吉藏的理念上，他認為真理是不可言詮的，故而就不可把佛陀和佛法
視為「無常」，但是也不可說成是「常住」，由於這個因素，所以《涅
槃經》的常住教的主張也受到了吉藏的批判，吉藏認為「涅槃」的本
質一「體」是絕對的真理本身，因為是這樣，所以是「絕百非」，在
此所謂的「絕百非」，它是泛指一切的概念語言文字，「有、無，亦有
亦無，非有非無」，在第一句是肯定的「有」，第二句是否定的
「無」，第三句是「有」與「無」的結合，第四句則是「有」、「無」
之否定的結合，而上面所說的「百非」，是指第四句之後的第五、六
等諸句，它們都應以否定的形式出現，事實上四句之外，並沒有另外

---

15 同前註1，卷上，（《大正藏》卷四十五，頁6，上）。
16 同前註1，卷上，（《大正藏》卷四十五，頁6，上）。

的第五、第六等「百非」，在這裏吉藏用「百非」一詞只是強調語，泛指任何概念語言文字罷了。而至於說它「無常」這也僅是一種方便教說，說它「常（住）」同樣也是方便教說，二者都只是「涅槃」的功用一「用」而已。由於如此，就綜合各方面的分析看來，吉藏認為它把（涅槃經）固定在「常住教」的第五時下，並未把握住到「涅槃」的本來的精神。

二　吉藏對五時教的看法

　　吉藏的「二藏」思想，其實是來自於北魏時代的菩提流支（Bodhiruci，五○八年到中國），而後才產生了他的判教主張。然而什麼是「二藏」？所謂「二藏」就是小乘的經典與大乘的經典而言，至於吉藏的判教觀是否就是源自於菩薩流支，關於此點，吉藏在《仁王般若經疏》卷上，有清楚地說明，云：

> 今依菩提流支直作半滿分教，若小乘教名半字名聲聞藏，大乘名滿字，名菩薩藏，今尋諸經論，斯言當矣。[17]

吉藏認為半、滿教判為菩提流支所提出者，這個看法和智顗在《法華玄義》卷十上所云者相同。雖然如此，但是澄觀在其《大方廣佛華嚴經疏》卷一中，卻說菩提流支是主張「一音教」，其意就是說不區分各種不同的經教，至於半、滿二教是「西秦曇牟讖」所提出者，而後則被《地論》師慧遠所採用，澄觀所言者如下：

---

17 吉藏著：《仁王般若經疏》卷上，（《大正藏》卷三十三，頁315，中至下）。

謂如來一代之教，不離一音，然有二師，一後魏菩提流支云：
如來一音同時報萬，大小並陳，二姚秦羅什法師云：佛一圓音
平等無二……故維摩經云：佛以一音演說法，眾生各各隨所
解，上之二師，初則佛音具異，後則異自在機，各得圓音一
義，然並為教本，不分之意耳，第二立二種教，自有四家，一
西秦曇牟讖三藏，立半滿教，即聲聞藏，為半字教，菩薩藏，
為滿字教，隋遠法師，亦同此立。[18]

以上雖然說法不一，在此擬先分析探討吉藏的看法，至於其他方面則
暫時不論，俟後再說，菩提流支根據《涅槃經》上的說法，把所有佛
經判為半字教和滿字教，其次智顗在《妙法蓮華經玄義》卷十上對菩
提流支曾有文字記載，云：

菩提流支明半、滿教，十二年前皆是半字教，十二年後皆滿字
教。[19]

此文是說菩薩提流支說明所謂的半、滿教、常釋迦開始說法一直到第
十二年，在這十二年期間，釋迦為小乘聲聞人宣說不了義的小乘教，
至於以後的十二年則是為大乘菩薩們宣說了義的大乘教的意思。[20]
　　吉藏的判教除了前面所說的所謂半教的問題之外，他還提出了對
大乘經典互有優劣的看法，然而這一看法是什麼呢？那就是他屢屢批

---

18 澄觀：《大方廣佛華嚴經疏》，(《大正藏》卷三十五，頁508，上至中)。
19 智顗：《妙法蓮華經玄義》卷十，(《大正藏》卷三十三，頁301，中)。
20 有關此十二年判教的說法，在各家判教的說法中常用之，例如：《妙法蓮華經玄
　　義》卷十，在介照「南三北七」等十家判教當中，就提及了此種說法。(可參《大
　　正藏》卷三十三，頁801，上至中)。

評說五時教和三宗乃至六宗說，都不能以平等的態度去自持所有的大乘經典，關於這個意見，他在《法華統略》一書中有云：

余見南北諸師，互布抑揚，深用嘆息，南方諸德用四、五時，及北上四、五宗者，皆毀《般若》而難《法華》、晚弘《智度論》師，多毀《法華》而難《般若》、皆失經旨也。[21]

從這段文字當中吉藏感歎有關南方的《成論》和北方的《地論》對《般若》、《法華》的不重視，其次還有後來弘揚《大智度論》者，也同樣地毀《法華》與難《般若》，然而這到底是什麼原因呢？吉藏他認為都是因為對經的意旨不瞭解所造成的。

　　既然對《法華》的瞭解不夠而造成如此的論諍，那麼站在吉藏的立場，他又如何解釋呢？他認為：真理都不可言詮的，凡是可以言詮的都是屬於方便教之說，由於這個因素，所以在所有的大乘、小乘的經典方面來說都是屬於不可言詮的方便之教，這樣一來，這兩種經典都成了各有優劣了，關於這點吉藏在《三論玄義》一書中曾經如此地批評，云：

通論大、小乘經，同明一道，故以無得正觀為宗，但小乘教者正觀猶遠。……同以不二正觀為宗，但約方便用異，故有諸部差別。[22]

在這裏所提及的「一道」，亦可稱為「真如道」、「法性道」。而至於「無得」，就是無所得，也就是「空」的意思。其次，在文中所言及

21　《法華統略》，(《卍續藏經》冊四十三，頁63)。
22　同前註1，卷下，(《大正藏》卷四十五，頁10，下)。

的「不二」，其意思是指佛教把各種事物，特別是互相矛盾的事物看成是毫無區別不可言說的境界。例如：《大乘義章》卷一，云：

> 言不二者，無異之謂也，即是經中一實義也，一實之理，妙寂理相，如如平等，亡於彼此，故云不二。[23]

由此便可見，「不二」與「真如」、「法性」，以及三論宗的「空」、「中道實相」等是同意思的。

我們知道大乘經和小乘經，都是說明中道實相的，所以各部論均以「空」和「中道實相」為其宗旨，但是，小乘佛教離中道實相還遠，所以小乘佛教以四諦教[24]法為其宗旨，大乘佛教從正面說明中道實相，所以各部大乘經部以不二法門和中道實相為其宗旨，但因所用方便法門各不相同，所以就有了各部經的差別。

再而吉藏對毘曇的種類和主張進行駁斥，他所批評的原因，或許可以列舉下列數點來看：

（一）不符合三論宗的終極道理中道實相。

（二）扶持各種邪惡的錯誤見解。

（三）違背大乘佛教義理。

（四）頑固堅持小乘佛教觀點，固步自封，不向大乘邁進。

（五）執迷於本派的主張。

（六）不相信佛教的本源——大乘佛教。

（七）固執己見，其主張偏斜不正。

（八）不是學習佛教的本源——大乘佛教。

---

23 慧遠著：《大乘義章》卷一，（大卷四十四）。

24 佛教所說四種基本的真理，即若諦、集諦、滅諦、道諦，也稱四聖諦。（《般泥洹經》，《大正藏》卷一，頁188，中）。

（九）遮蔽真諦之「空」。

（十）喪失了真、俗二諦的圓滿旨趣。

以上十點是吉藏對毘曇之批評，[25]在第十點的「喪失了真、俗二諦的圓滿旨趣」，其主要意義所指的是，真諦講「空」，俗諦講「有」，講俗有的目的是為了讓眾生領悟真空，在三論宗認為，毘曇頑固地堅持「有」，固定自封，這不僅喪失了真諦，也喪失了俗諦的意思。

　　吉藏除批評毘曇之外，同時他對大乘教也有所不滿，不滿的地方在那裏呢？在於大乘的「有所得之見」。我們知道慧觀把佛陀一代教，分為五時，[26]由於後人在頓、漸二教之外加上「不定教」，於是便成了「三教五時」，而至於吉藏對五時教提出批評，現在即彙納各經典中有關於吉藏對五時教所提出的看法與意見：他說，只應當區分大乘和小乘兩種教法，不應當區分五時，關於這點，簡單引用三部經部論所云者以予證說。

（一）《大品般若經》稱：「諸天子歡曰：我於閻浮見第二法輪轉。」[27]

（二）龍樹的《大智度論》解釋云：「皆於鹿林轉小輪，今復轉大法輪」。[28]

---

25 同前註1，卷上，（《大正藏》卷四十五，頁2，下）。

26 所謂的「三教五時」：

　　頓教─────────────華嚴經

　　　　┌初時教─有相教─小乘諸經─三乘別教。
　　　　│二時教─無相教─般若等經─三乘通教。
　　漸教┤三時教─抑揚教─維摩、思益等經─三乘通教。
　　　　│四時教─四時教─法華經。
　　　　└五時教─常住教─涅槃經。

　　偏方不定教───────────金光明勝鬘等經。

27 《大品般若經》，（《大正藏》卷八，頁32）。

28 龍樹造、鳩摩羅什譯：《大智度論》卷六十五（《大正藏》卷二十五，頁517）。

（三）《法華經》云：「皆於波羅捺轉於四諦，今在靈鷲山說一乘」。[29]

（四）《大般涅槃經》卷十四稱：「昔於鹿林轉小，今於雙樹說大」。[30]由此可見，佛的教法只有大乘和小乘兩類，沒有區別五時。

（五）《大智度論》稱第一百卷：「佛法有二，一者三藏，二者大乘藏」。[31]

（六）《地持論》：「十一部經名聲聞藏，方等大乘名菩薩藏」。[32]

（七）《中論》稱：「前為聲聞說生滅法，次為菩薩說無生滅法」。[33]

以上所列舉各點，主要是用經和論進行檢驗考察看來，我們可以發現只有大乘和小乘二藏，並無提及五時教者，所以吉藏在《三論玄義》卷上，有云：

　　五時之說，非但無文，亦復害理。[34]

五時判教理論不但沒有經文作為證明，也破壞了佛教道理，再而吉藏又批評說，如果說第一是三乘別教的話，其意義並非如此，依據毗曇諸論的說法，聲聞、緣覺、菩薩三乘都是認識了四諦道理之後才達到涅槃之道，就成實論的意義說，只要認識了四諦之一的滅諦，（見本論前面頁十八處曾論及）。然而又至於《大品般若經》是三乘通教，這也不合理，在《大智度論》中就有稱云：

---

29 《法華經》〈譬喻品〉，（《大正藏》卷九，頁12）。

30 《大般涅槃經》卷十四，（《大正藏》卷十二，頁447）。

31 《大智度論》第一百卷，（《大正藏》卷二十五，頁756）。

32 《地持經》卷三，（《大正藏》卷三十，頁902）。

33 《中論》「因緣品」，（《大正藏》卷三十，頁1，中）。

34 同前註1，卷上，（《大正藏》卷四十五，頁5，下）。

般若智慧不屬於小乘佛教的聲聞乘和緣覺乘，祇屬於菩薩。[35]

吉藏對五時教之批評是有他的獨立看法，並非毫無依據地論說的，這些我們從前面所引述的文字中便可以清楚地瞭解到，然而，吉藏除了前面所提及的「三教五時」的駁斥之外，同時他對地論師的「四宗判」也提出了意見，在《大乘玄論》卷五，有云：

> 地論師云：有三宗四宗，三宗者，一立相教，二捨相教，三顯真實教，為二乘人說有相教，大品等經廣明無相，故云捨相，華嚴等經，名顯真實教門，四宗者，毘曇是因緣宗，成實謂假名宗，三論名不真宗。十地論為真宗，今謂不然，此人罪過甚深。[36]

在《中觀論疏》卷，吉藏也有同樣的批評，他說：

> 如舊地論師等辨四宗義，謂毘曇是因緣宗，成實為假名宗，波（般）若教等為不真宗，涅槃教等名為真宗，如斯等類並是學於因緣而失因緣，故正因緣成邪因緣，如服甘露反成毒藥，亦如入水求珠謬持瓦礫，此論破洗如此因緣故云破因緣品，以破如此邪執因緣申明大乘無得因緣。[37]

在這段文字中吉藏對「四宗訓」提出了看法及批評，如果依地論師的

35　《大智度論》卷四十三：「般若不屬佛，不屬聲聞，辟支佛，不屬凡夫，但屬菩薩」（《大正藏》卷二十五，頁371，上）。

36　吉藏著：《大乘玄論》卷五（《大正藏》卷四十五，頁63，下）。

37　吉藏著：《中觀論疏》第一本（《大正藏》卷四十二，頁7，中）。

辨四宗的話，那麼這等主張便成了學於因緣而最後是破壞了因緣，甚至本來是正因緣的最後就成了邪因緣了！在當時關於「四宗說」它是由地論南道慧光依據慧觀的「五時判教」改變而來的。吉藏對此一宗派的見解之批評是極嚴苛的，比如在《淨名玄論》卷五也可見其折責說：「五時之說，四宗之論」為「人師自心，乖文傷義」，[38]且在《法華玄》卷一中也說：「廢五四之妄談，明究意之圓旨」[39]等，所以在吉藏的見解上來說，它應該是屬於北方的判教代表，而成實師的「三教五時判」則是屬於南方的判教代表。

接著吉藏對成實論的二諦論也有不同的意見，在談此問題之前，讓我們先瞭解一下有關成實論對二諦的看法，當梁陳時代的大乘師，尤其是成實論者，他們對二諦約有五種見解，如下：

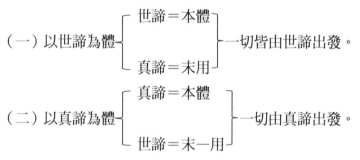

（一）以世諦為體┌世諦＝本體┐
　　　　　　　　　　　　　　　├一切皆由世諦出發。
　　　　　　　　　└真諦＝末用┘

（二）以真諦為體┌真諦＝本體┐
　　　　　　　　　　　　　　　├一切由真諦出發。
　　　　　　　　　└世諦＝末－用┘

（三）真俗二諦互為體用＝一體兩用＝色心為一體兩面。

（四）由無名無相的中道建設二諦＝中道二諦本不二

（五）真俗二諦，其體不同┌假有＝世諦之體。
　　　　　　　　　　　　　　└假有之無相＝真諦之體。

38　吉藏著：《淨名玄論》卷五（《大正藏》卷三十八，頁884）。

39　吉藏著：《法華經玄論》卷一（《大正藏》卷三十四，頁364，中）。

由上面這個簡表中，我們可以看出來，第一至第四，是為「一體說」，而第五則為「異體說」，這些不同見解都是由於對「色」「空」關係的看法不同而產生的。然而三論宗對於這些都加以論評說：第一說及第二說，其結果都失去了二諦的意義（也就是說變成了一諦的意思），而至於第三的互為說，其義別之一體，它到底是世諦呢？還是真諦？或者說是另有一體？均不清楚，再而第四的中道說，其中道是在二諦中或在其外？而所立之無名無相中道，不是倒會墜落於二諦之中嗎？最後第五的異體說，其二諦既然各有其體，則互相反，這樣一來，不是不能成立相即義嗎？

三　三論以二諦為宗

從前面的論析中可以清楚地看出，吉藏的教判思想是有他獨自的見解的，然而這篇論文中所敘及的如前論乃是有關對「二諦」的批評，在眾多傳統佛教概念中，吉藏最重視的無疑是「二諦」。關於「二諦」，在現存原始佛典中，「二諦」一辭僅漢譯《增一阿舍》卷三「阿須論品」第八中一見。[40] 再而我們又發現在部派佛教與大乘佛教的典籍中也常提及「三諦」，例如：《婆沙論》、《俱舍論》、《般若經》、《入楞伽經》、《大智度論》、《大智度論》、《瑜伽師地論》等都有此問題的討論。由此可見「二諦」確實為佛教各派系所共同注意和關心的問題，然而在中國當鳩摩羅什以後，三論教學便與「二諦」產生了密切的關係，[41] 其中吉藏對此「二諦」問題更是努力地鑽研，他認

---

40 《增一阿含》卷三，（《大正藏》卷三，頁561，上）。

41 三論宗學與「二諦」密切的關係，例如：羅什弟子曇影在他所著的《中論》序文中曾云：「時有大士，厥號龍樹，愛託海宮，逮無生忍，意在傍宗，載隆遺教故作論以析中，其立論意也，則無言不窮，無法不盡，然統其要歸，則會通二諦」。（《出

為三論是以「二諦為宗」的，關於這點，他在《中觀論疏》卷一，就
說：

　　此論雖無法不窮，無言不盡，統其要歸會通二諦。

除此之外，又云：

　　中論以二諦為宗，若了二諦，中論即便可明。

　　吉藏詮釋及推舉「二諦」之概念是不盡餘力的，在《中觀論疏》
卷二中，他更進一步地強調說：

　　三世十方諸佛所說法皆依二諦，以二諦總攝一切佛法，二諦既
　　正，豈非一切正耶！[42]

在此段文字中說明了「二諦」是總攝了一切佛法的主心所在：由此我
們可以瞭解到吉藏對「二諦」思想之重視，而且特別地加以論析，以
祈將其內涵精神發揮得更為透澈，當然其立論之關鍵所在應是不離三
論教學的宗旨及目的。所以他會在《大乘玄論》卷上說：「言教之通
詮，相待之假稱，虛寂之妙實，窮中道之極號」，[43]闡明了「二諦」之
無窮的大利益。當然這點在吉藏的見解上是極為重要的，否則的話，

　　三藏記集》卷十一，支那內學院本)，又如：吉藏《中觀論疏》卷一：「此論雖無法
　　不窮，無言不盡，統其要歸，會通二諦」(《大正藏》卷四十二，頁六，下)。又，
　　《二諦義》卷上云：「中論以二諦為宗，若了二諦，中論即便可明」(《大正藏》卷
　　四十五，頁78，中)。
42 吉藏著：《中觀論疏》卷二，(《大正藏》卷四十二，頁22，中)。
43 吉藏著：《大乘玄論》卷第一，(《大正藏》卷四十五，頁15，上)。

他就不會在《二諦義》卷上強調說：

> 若了二諦，即出五百由旬外，入菩薩位，生在佛家，種姓尊
> 貴，為是故了知二諦有大利益也。又利益者，離斷常二見，了
> 世諦第一義諦，離常見，了第一義世諦離斷見，離斷常二見，
> 行於聖中道，見於佛性，若不了二諦，即不行中道，不見佛
> 性，不見佛性，即無性佛等，若了二諦，即離斷常，行於中道，
> 見佛性，即有性佛等，為是故當知，識二諦有大利益也。[44]

吉藏說明了「二諦」之真義即能離斷常，行中道，而後見佛性，這幾
個層次可說是一貫的，如果未能了「二諦」之真義，那麼就無法達至
最後的境地，也就無法明其無窮之大利益之所在。

四　吉藏的佛性論

在前面我們分析了吉藏對「二諦」思想的看法及他的批判理由所
在，接著下來，讓我們來探析吉藏「佛性」的見解。關於「佛性」，
也可以叫做如來性，或覺性，也就是佛陀的本性的意思，當然也解釋
作為要成佛則須有可能性、因性、種子、或具成佛之悟性之意。在
《佛性論》卷一中有這樣記載，云：

> 說一切眾生悉有佛性，除五種過失者，一為令眾生離下劣心
> 故，二為離慢下品人故，三為離虛妄執故，四為離誹謗真實法
> 故，五為離我執故。[45]

---

44 吉藏著：《二諦義》卷上（《大正藏》卷四十五，頁86，上）。
45 天親造，真諦譯：〈緣起分〉，《佛性論》卷一（《大正藏》卷三十一，頁787，上）。

又，在同書卷二中，也云：

> 三種佛性者，應得因中具有三性，一住自性性，，二引出性，三至得性。[46]

這裏的「住自性性」，也就是「自性住佛性」，所指的是關於凡夫之等級，其次「引出性」，就是「引出佛性」，指的是從初發心至佛前，直至金剛心所顯之漸次修行，再而至於「至得性」，也就是「至得果佛性」，所指的是顯示所得佛果之終極境地者，從這裏我們大致了解所謂「佛性」者，乃是指本心中所具存者。

進而在三論宗來說，龍樹在《中論》中，有云：「眾因緣生法，我說即是無（空），亦為是假名，亦是中道義」，[47] 在這裏強調了成立一切法的無自性空，此點是論它的主要正義所在，一切「眾」多「因緣」所「生」的「法」，「我」佛「說」他就「是空」的，雖然說是空的，但是並不是否認一切法，這空無自性的空法，「亦」說「為是假名」的。然而這又是怎麼一回事呢？因離戲論的空寂中，空相也是不可得的，要知道，佛所以說緣生法是空，這主要的目的是要使眾生在緣起法中，離一切自性妄見，以無性空的觀門，體證諸法寂滅的實相，所以我們可以判定地說「空」乃是在表明緣起之最高原理。

三論宗的集大成者，嘉祥天師吉藏，他對闡揚大乘佛學的根本精義可說是最激底的，除了前面所論析有關他的「二諦」思想之外，其次就是他把在中國被視為與大乘妙有傳統有著密切關係的佛性觀念，經過他的詮釋之後，而將其納入了中觀佛教的真空體系之中，其實經過詳細考察的結果，吉藏的佛性論，主要的是建立在「破邪」與「顯

---

46 同前註45，〈三性品〉，卷二（《大正藏》三十一，頁794，上）。

47 《中論》「觀四諦品」，（《大正藏》卷三十，頁33，中）。

正」的這個觀點上面，他要破斥的「邪」，全部共有三大類十一家，[48] 在吉藏認為這三大類十一家對於有關佛性的舊說，他們的概念和主張都是偏於「有」「有所得」，而不是一切皆空的「無所得」，由於這個原因，所以對此必須提出嚴厲的駁斥，在《大乘玄論》卷三中有以下的一段文字，云：

> 通論十一家，皆計得佛之理，今總破得佛之理，義通十一解，事既廣，宜作三重破之，第一作有無破，只問得佛之理，為當有此理為當是無，若言是有，有己成事，非謂為理，若言是無，無即無理，即墮二邊不得言理也，第二作三時破，只問佛之理，為是己理為是未理為是理時有理，若言已理，則理已不用。無復有理，若言未理，未理故未有，若言理時有理者，若法已成則是已。若法未有則墮未，故無別第三法稱為理也。第三即離破，只問、得佛之理，為當即空為離空，若言即空者，則早已是空，無復有理，若言離空有此理者，空不可離，豈得離空而言有理。[49]

在這段文字中可以看到吉藏提出了三個問題，這三個問題主要是在批判「得佛之理」的佛生論，現在將此三個難題條列於下：

---

48 關於十一家的佛性義的問題，吉藏在《大乘玄論》「佛性義十門」（《大正藏》卷四十五，頁35，中至下）中有云：第一、以眾生為正因佛性，第二、以大法為正因佛性，第三、以心為正因佛性，第四、以冥傳不朽為正因佛性，第五、以避苦求樂為正因佛性，第六、以真神為正因佛性，第七、以阿梨耶識自性清淨心，為正因佛性，第八、以當果為正因佛性，第九、以得佛之理為正因佛性，第十、以真諦為正因佛性，第十一、以第一義空為正因佛性。後來吉藏又將之分為三大類，即：一、假實二義者——第一至二。二、以心識為正因佛性者——第三至七。三、以理為正因佛性者——第八至十一。

49 吉藏著：《大乘玄論》卷三（《大正藏》卷四十五，頁36，下、頁37，上）。

（一）得佛性之理，到底是有還是無？

（二）得佛性之理，到底是在於過去、現在、還是未來，何者為是？

（三）得佛性之理，為當即空，還是當離空？（也就是可不可以獨立於「空」而存在？）

　　接著讓我們來看看這三個問題，第一關於有無破方面，吉藏的批評是，得佛性之理，是當有此理，或當無此理、如果將判別為「有」「無」的話，那它已歸向到實質上去了。這樣一來，這個佛性之「理」，它已不是所謂抽象的「理」了！反過來，如果「得佛之理」是「無」，這個無，也就是「無理」，那麼它不是又墮入到了有、無兩邊當中的「無」上面去了嗎？如此那便是一種錯誤，也就是墮入到兩極端的「邊見」了。同時，在這當中吉藏也提及了「有」「無」的問題，他認為其理是不可以言語來詮釋的真諦——「空」故凡是可以「有」來宣說的，都是屬一般所謂俗諦方面的事物，這個概念可說是吉藏一個極重要的真理觀念。

　　其次，吉藏提出第二問是關於「三時難」方面，「得佛之理」到底存在於過去、現在、或是未來呢？對此吉藏個人的看法認為，在這三時當中都不可能有一「得佛之理」的理由存在：為什麼呢？因為過去都已經過去了，所以關於「得佛之理」根本就不可能存在：至於「理時之理」的「現在」，吉藏認為它是不存在的，再而至於「未來」尚未到來，關於「得佛之理」也是不存在的，現在於此讓我們稍作總括有關吉藏此一難題的內涵意義，在前面可以清楚地看出了他施設了一個「現在」的不真實性，他認為「現在」的此一概念，只不過是「過去」與「未來」的一方便虛說而已，它並沒有真實的「現在」存在的，關於這一點，我們知道三論宗講「一切皆空」，而龍樹的《中論》卷三的「觀時品」中也把過去、現在、未來三時視為不真實

的方便虛設，其文云：

> 若因過去時，有未來現在
>
> 未來及現在，應在過去時。[50]

這裏所解析的主要意義是在破實體的時間觀念，我們知道時間是很奧秘的，每個人都有直覺的時間觀念，但是若深究起來，其實並非每個人都能認識時間的，至於在印度外道的時間觀方面，比如，「勝論」師，他們就認為時間是實體的，一切表現在時間的流轉中，所以凡是存在的都有時間性。其次又如時論外道，以為時間是萬有的本體，一切的一切，無不是都從時間實體中出來，舉凡一切受時間的支配，舉凡一切法的生起滅亡，那只不過是時間實體的象徵而已。

關於時間在佛教而言，自佛滅後，聲聞學者，對此一問題，便略有些不同的看法而分成了兩個派系，即：

（一）喻師說：時間是有實體的，是常住的。
（二）他學派：都說時間並沒有實體，是精神物質的活動代表現在；
　　　　　　　但並不是離開了具體的事物，而是另有實在的時間的存在。

但以上所分成的兩派，就性空者看來，他們對時間的理解上不免誤，因為絕對的時間，是非佛法的，無法言說的，一般以色法心法為實有，以時間為假有，那是根本的謬誤；再而抹煞了時間的緣起法，那更是一種至大的缺點，而吉藏批駁「三時難」的主要用意可說是按三論的基本思想為其立說背景的。

50　《中論》卷三「觀時品」，（《大正藏》卷三十，頁25，下）。

　　至於第三個疑問，也就是所謂「即離難」方而，其意思是說「得佛之理」與「空」到底是相同的「即」呢？或是不相同的「離」呢？對此，吉藏認為這兩者都是不正確的。既然不正確，那麼其錯誤的原因又在那裏呢？

　　吉藏的看法是：如果二者相同，那麼「得佛之理」就是不存在的「空」了，怎麼會有「得佛之理」的存在呢？如果反過來說，二者「空」「離」都不同，也就是說「離」離開「空」而有獨存的「得佛之理」，這樣一來，第一那是不可能的，因為離開了「空」，也就沒有「得佛之理」的「二見」，也就是有了兩種不同的見解，對於「二見」，在佛經中無不批評所謂「二見」的主張，於是，從這等原因考察看來，「空」和「得佛之理」不可相「離」而成二體的，雖然如此，可是就以上所分析各點觀之，或許我們要問：「空」與「得佛之理」到底有無關係呢？在吉藏認為「空」是一切萬法之所依，所以它自然與「得佛之理」是有著密切的關係的。

　　吉藏生存的時代正是陳、隋之世，在此時也正涅槃佛性之學興盛的時代，自然也難免要受到當時風氣之影響，故而把佛性之學視之為根本大事[51]或秘密法，[52]再而吉藏也認為三論乃是「通中大小二教，則大乘之義悉在其中，豈不明一乘佛性」，[53]由這幾點便可清楚地說明了，「佛性」為大乘佛教的核心教理，且為中觀系佛教的根本思想，在吉藏的觀念當中當然也是確信而毫無懷疑的。

　　在《涅槃經》裏，佛性的意義是為「佛的體性」的意思，而靠嘉祥大師吉藏一向就是以繼承河西（道朗法師）的涅槃古學為自豪的，因為這樣，當他在解釋佛性的時候很自然地就以《涅槃經》的精義內

---

51 吉藏著：《勝鬘經寶窟》卷下（《大正藏》卷三十七，頁85，上）。
52 吉藏著：《法華經玄論》卷一（《大正藏》卷三十四，頁368，下）。
53 吉藏著：《十二門論疏》卷上（《大正藏》卷四十二，頁177，中）。

涵為依歸了，然而當我們在檢讀吉藏的著作的時候，關於「佛性」的問題，可以發現他是非常重視並且廣泛地論說的，比如在《大乘玄論）卷三「佛性義」當中，他就論析得十分詳盡，其文云：

> 經中有明佛性、法性、真如、實際等，並是佛性之異名，何以知之，涅槃經自說佛性有種種名，於一佛性亦名法性、涅槃，亦名般若一乘，亦名首楞嚴三昧師子吼三昧、故知、大聖隨緣善巧，於諸經中說名不同，故於涅槃經中，名為佛性，則於華嚴，名為法界，於勝鬘中，名為如來藏自性清淨心，楞伽名為八識，首楞嚴經名首楞嚴三昧，法華名為一道一乘，大品名為般若法性，維摩名為無住實際，如是等名，皆是佛性之異名。[54]

在這裏吉藏說明了在不同的經典中，佛性的名稱也名有不同，但是，「法性」「真如」「實」等均為佛性的同義辭，同時在這裏我們也可以瞭解到吉藏是沿襲《涅槃經》的舊例，以佛性為指佛體性，同時在吉藏學說裏所提及的佛性，大都是指「佛之體性」而言的。

　　在前面曾經提及吉藏的這些佛性概念是受自於《涅槃經》的，但是在另一方面他又貫徹了三論教學的「無得正觀」的精神，以「中道」為「正因佛性」，關於這點，在《大乘玄論》中有這樣的一段文字，云：

> 但河西道朗法師與曇無讖法師，共翻《涅槃經》，親承三藏作《涅槃義疏》，釋佛性義，正以中道為佛性。[55]

---

54 吉藏著：「佛性義」，《大乘玄論》卷三，(《大正藏》卷四十五，頁41，下)。
55 吉藏著：「佛性義」，《大乘玄論》卷三，(《大正藏》卷四十五，頁35，下)。

在這裏吉藏以「中道」為「正因佛性」的原因作了說明，再而主張中道為佛性，可以說是明顯地把佛性了解為「佛的體性」，也就是說「中道」為佛當作成佛的究竟。

除了以上所析論有關吉藏的「佛性」觀之外，他同時對古來以「因」「果」釋佛性的諸家說法也提出了批評，他認為過去的一些以因果釋佛性者約有三家：

第一是視「佛」「性」二字皆為果名。

第二是視「佛」「性」二字皆為因名。

第三是分字解釋，視「佛」一字為表果，「性」一字為狀因。

然而這些在嘉祥大師吉藏認為以上三家義均不可用，而其不可用的原因又在那裏呢？所以他在《大乘玄論》卷三的「佛性義」中解析說道：

> 問今義云何？為當在因為當在果，為當在因果耶？答今時明義，無在無不在，故云無在無不在，佛所說也，只以如此義故名為佛性，雖無在無不在，而說在說不在者。佛性在因性佛在果，故果因名佛性，因果名性佛，此是不二二義，不二二故二則非二，故云二不二是體不二二是用，以體為用，以用為體，體用平等不二中道，方是佛性，一切諸師，釋佛性義，或言佛性是因非果，或言是果非因，此是因果二義非佛性也，故經云，凡有二者皆是邪見，故知，一切諸師，不知佛性，各執一邊，是非諍論，失佛性也，若知因果平等不二。方乃得稱名為佛性，故經云非因非果名為佛性也。[56]

這一節文字，吉藏提出了對「佛性」的看法，同時也針對三家的佛性釋義加以駁斥，吉藏並同解釋說：「中道」，就是「不二」的意思，如

---

56 同前註55，「佛性義」，卷三（《大正藏》卷四十五，頁38，中至下）。

果說佛性是因非果，或說是果非因，這些都是屬於因果二義而並非佛
性，同時，還說如果以「二」給予區分的話，那都是屬於邪見，故而
文中所提到的因果、體用、本末、始終等類的對比分別，這些都與
「中道佛性」根本毫無關係。當然吉藏的意思就是說，只有瞭解到
「因果平等不二」、「體用平等不二」，如此，才算是真正明白所謂的
「佛性」之內涵。

　　吉藏對佛性的看法和提出自己的詮釋，主要是在駁斥一些誤釋佛
性者的看法，也就是在前面引文中所提及的「因」「果」之主張者。
他認為所謂佛性是超越了「因」與「果」的，而不是所謂可以區分
的，故而他特別強調「中道」與「佛性」二詞的同義，也就是所謂的
「中道佛性」，在《中觀論疏》卷一中也說：

　　　　八不即是中道佛性也。[57]

又云：

　　　　一味藥者，即是中道佛性，中道佛性不生不滅，不常不斷，即
　　　　是八不。[58]

除此之外，他也在《大般涅槃經》（卷二十七），師子吼菩薩品（第十
一之一）中，云：

　　　　佛性者，有因，有因因，有果，有果果，有因者，即十二因

57　吉藏著：《中觀論疏》卷第一本（《大正藏》卷四十二，頁9，下）。
58　同前註58，卷第二本（《大正藏》卷四十二，頁21，中）。

緣，因因者，即是智慧，有果者，即是阿耨多羅三藐三菩提，
果果者，即是無上大般涅槃。[59]

從此上所引數則文字中，便可以明白吉藏對「佛性」一詞之詮釋以及
他的獨立看法，在引文中有所謂「因佛性」者，此乃指十二因緣而
言，其主要意義是在詮釋生命中之生、老、病、死、苦之起源以及其
斷滅的方法，同時也是修行者所必須以智慧求觀察，或體悟，而最後
達到的最高境界。

第二是「因因佛性」，這是指觀察「十二因緣」的智慧，而吉藏
在《大乘玄論》卷二的「簡正因第四」中則說：「所言因因者，即是
緣因，謂十二因緣所生觀智也，境界已是因，此之觀智，因因而有故
名因因」，[60]在這裏所提到的「十二因緣所生的觀智」是極為重要的，
就成佛的最先決條件而言，必須要有此種「智慧」，而這種「智慧」，
就是所謂的「因」，也就是「緣因」。

第三是「果佛性」，這是指阿耨多羅三藐三菩提（anuttara-
samyakambodhi），為無上正偏知，指佛陀的智慧，也可說是無上完全
地覺悟之意。它是以智慧（因因）來觀察「十二因緣」而證得的佛
果，故而稱之為「果」。再而或許可以更進一步地說：前面所說的這
一佛果，是每一個人都可以獲得的，這裏的「可以獲得」，當然是指
每個人心中所存有的「佛性」，同時也稱之為「佛性果」，其原因就在
此了。

第四是「果果佛性」，這是指「大般涅槃」（Maha-parinirvana），
其意為佛院利用佛智（buddhajnana），把一切類煩惱澈底斷除寂滅，

---

59 《大般涅槃經》卷二十七，（《大正藏》卷十二，頁524，上）。

60 吉藏著：《大乘玄論》卷二，（《大正藏》卷四十五，頁38下至頁39上）。

當然這是指要先得前面阿耨多羅三藐三菩提的佛果之後，才能升進到此一境界，獲得此「果」，而此「果」也就是眾生成佛的因子，所以稱之為「果果」的原因就在此。

前面四種佛性是表示體現佛體性的先後次序，由淺入深的一種步驟，也就是說由未悟到已悟的境地，在這進程方面都必須依次實踐，混亂不得，所以在《大乘玄論》卷三中，有云：

> 但十二因緣作因，因始故單名為因，所以經云，是因非果因也。觀智從十二因而生，因因而有，故名因因也，所以有果則是三菩提，從觀智因而有，故名為果，若言三菩提是觀智之正果，故單名果者，觀智亦是三菩提之正因，亦應單名有因，若言觀智從因而有，故宜名因因者，三菩提亦從果而有，故亦應名果果，而不爾，正言三菩提，酬因之始，故直名為果，涅槃從三菩提果而有，故名果果也。[61]

在這段文字解釋了有關，「因」「因因」「果」及「果果」的名稱，《涅槃經》四性說非是就直接、間接之事上文名，而是就修行因果體現的始終成稱的，如果我們以簡表來表示四性的說明，應該是如下圖：

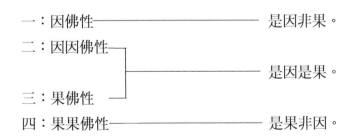

一：因佛性──────────── 是因非果。
二：因因佛性┐
　　　　　　├──────── 是因是果。
三：果佛性　┘
四：果果佛性──────────── 是果非因。

---

61 同前註60，卷第三，(《大正藏》卷四十五，頁38下至頁39上)。

吉藏對於前面的所論說的四種佛性，或經文中所說到的「是因非果」
「是果非因」「是因是果」及「非因非果」等說法，他也曾作了解
釋，在《大乘玄論》卷第三，有云：

> 一者是因非果，即是境界因，故經言，是因非果如佛性，二者
> 是果非因，即是果果性，故經言，是果非因名大涅槃，三者是
> 因是果，即如了因及三菩提，斯即亦因亦果，望後為因，望前
> 為果。[62]

在這裏吉藏僅對前面四個名詞中的前三個名詞提出解釋，他的意思
是：《涅槃經》中所說的「是因非果」，相當於「十二因緣之境界
因」，「是果非因」，則相當於大般涅槃的「果果性」，而「是因是
果」，則相當於「了因」和「三菩提」。至於「了因」所指的是「緣
因」的意思，也應該是指觀察「十二因緣」的智慧而言。然而這種智
慧是屬於在未成佛之前的，所以說它是因又是果的道理就在這裏了。
對於吉藏有關五性四句的看法，若以表來說明的話，應該是如下圖：

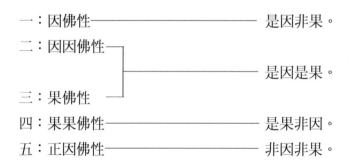

一：因佛性————————————————————是因非果。
二：因因佛性——
　　　　　　　　————————————————是因是果。
三：果佛性——
四：果果佛性————————————————————是果非因。
五：正因佛性————————————————————非因非果。

---

62 同前註60，卷三，(《大正藏》卷四十五，頁37下至頁38上)。

吉藏對此問題的詮釋，當然是站在「正因佛性」的立場而言的，而他特別把此「正因佛性」說成是超越了因果的「非因非果」，雖然如此，但是他的說法無可諱言的有其道理存在，可是如同前面經過我們分析研究之後，其實他所論說的五性四句的見解，這與前面所說的四性論並無甚多發明之處，僅是在四性說之外又多加了一個看法，而此一看法或可說是對「非真非俗」之概念略加推廣而已。

結論

由前面的分析與歸納，吉藏是一位以中觀佛教思想為主心的佛學大師，他提出了對大乘經或小乘經在內容上都是在顯明佛道，並以無所得為其宗旨，然這些判教的立場及重心大致是承接其業師法朗的精神而來。至於吉藏為何要提出判教這個問題呢？其實其主要的目的是用來批評《成論》師和《涅槃》師的「五時教判」。另外關於佛性論方面，吉藏的概念雖受自於《涅槃經》，但是在另一方面他又貫徹了三論教學的「無得正觀」的精神，以「中道」為「正因佛性」，而這可以說吉藏是明顯地把佛性了解為「佛的體性」，也就是說以「中道」當作成佛的究竟之義。

第五章

「中道」學說之分析與評價*

前言

　　在佛教，各個宗派都重視「中道」的觀念和實踐。何謂中道？就是不落兩邊。在大乘中觀派的主場，宅是以般若波羅蜜的根本精神為基礎，就是八不中道。本文主要在探討中道的內涵及其與他經論方面的融攝詳實等情形。

一　「中道」的根本精神

　　佛在開始說法的時候，就表達了中道的觀念，然而什麼叫做中道，所謂中道，就是離二邊的意思，而中道是佛教的根本立場，無論是大乘、小乘都廣泛地重視這問題，可是所依從的意義則有深淺不同之別，如果再進一步地說的話，中道的意義是為中道義，在大乘中觀派的立場而言，是以般若波羅蜜的根本精神為基盤，主要在望二邊無所得者為中道，比如在《中論》卷一「觀因緣品」中的緣起的理法中以生、滅、斷、常、一、異、去、來去破斥戲論者的八迷（即：八邪、八迷、八過、八計、八謬、八事）的錯誤看法，從萬有為緣起所依從的存在道理，大乘佛教所說八不中道，同時也稱為八不正觀，無

---

* 本文刊登於《慶祝黃錦鋐教授九秩嵩壽論文集》（臺北：洪葉文化事業公司，2011年9月）。

得中道及八不中觀，所謂八不也就是：不生、不滅、不斷、不常、不一、不異、不去等八點。其次，我們知道佛法之所謂中，其意思是不流於極端的縱欲，也不流於過甚的苦行，在這苦樂之間求取折中的態度。然而在嘉祥大師吉藏的學說裏，「八不」之說則是被視為「中道」的內容來看待的，至於什麼叫做「中道」這個問題，吉藏在《大乘玄論》卷一中，曾如此地說：

> （二諦）立名者，不真不俗，亦是中道，亦名無所有，亦名正法，亦名無住。[1]

在這段文字中吉藏以「不真不俗」為「中道」，然而當我們檢閱《中觀論疏》時，吉藏則又以「非世非出世」為「中道」之意思，其文云：

> 今明求世間、出世間畢竟不可得，即是非世非出世，乃名中道。[2]

1　《大正藏》卷四十五，頁16，下。
　　又見《三論玄義》卷下：「二諦中道；即以二諦為宗；即是中道為宗；所以然者；還就二諦以明中道；故有世諦中道；真諦中道；非真非俗中道。但今欲名宗兩舉故，中諦互說。故宗舉其諦；名題其中。」在這裏是說；二諦就是中道；即然以二諦為宗旨；所以如此；是因為要用二諦說明中道；所以有世諦中道；真諦中道；非真非俗中道。但是現在想把中道之名和二諦之宗並提；所以要把中道和二諦互說；只要指出它的宗旨是二諦；中道之名也就在其中了。又；《中觀論疏》卷二：「然離二諦無別中道；即因緣二諦名為中道」（《大正藏》卷四十二，頁20，下）。又；《大乘玄論》卷一；對三種中道作了解釋；云：「世諦即假生假生假滅；假生不生；假滅不滅；不生不滅為世諦中道；非不生非不滅為真諦中道；二諦合明中道者；非生滅非不生滅」（《大正藏》卷四十五，頁20，中）。
2　《中觀論疏》卷一，（《大正藏》卷四十二，頁9，上）。

除此之外，吉藏在《大乘玄論》卷五中以寂有無諸邊為「中道」，關於這點，其文云：

> 以漚和宛然波若故，不著於有；波若宛然漚和故，不滯於無，不累於有，故常著冰消，不滯於無，故斷無見滅，寂此諸邊，故名中道。[3]

從前面所列舉的文字分析看來，我們應該可以瞭解到嘉祥大師吉藏，在其三論教學中所說到的「中道」之內涵精神應是指「無得正觀」，也就是無所得的意思，如果再推進地考察的話，那麼也正同「八不」所表達的心無所依，心無所行的精神，再而在這裏嘉祥大師吉藏由論說「八不」而進入「中道」，在整個理論或義理的發展上來說應該是很自然的一件事。

在前面所提及的離二邊，也可說為不落二邊，所謂的離二邊或不落二邊，其主要的意思就是不要執著，在三論宗來說，無執精神，凡有所得，必須破斥，吉藏貫徹著這個精神，如果從方法論上而言，是運用二邊對破的施教方法，破斥一切言論，從破斥言論背後立起不著二邊的中道學說與思想。

然而就考察及分析上看來，吉藏這套二邊對破的施教方法並非由他所獨創的，而是繼承著般若中觀精神，遠在鳩摩羅什的時間，被吉藏極端推崇的僧肇（374-414）法師，在他的論著《物不遷論》中便不著痕跡地運用著這套對破的施教方式，直至陳惠達在《肇論疏》中才說破其立論的主要意義，關於這點，其文云：

3　《大乘玄論》卷五，（《大正藏》卷四十五，頁55，下）。

今不言遷，反言不遷者，立教本意，祇為中根執無常教者說，故云中一未分於存亡，下士撫掌而不領，何者？如來說法，去常故說無常，非謂是無常，去住故說不住，非謂是不住，然即理反常心之境，教有非常之說也，……故立不遷破除內執，斯蓋反其常情，乃合於道、故以不遷立言也。[4]

又，呂澂在其所著《中國佛學源流略講》當中，也有如此的一段文說明，其文云：

《物不遷論》，從題目看，似乎是反對佛家主張「無常」的說法，但事實上並非如此，他之所謂「不遷」，乃是針對小乘執著「無常」的人而說的，……依佛家無常說，應該講遷，現在反講不遷，正是針對聲聞緣覺執著無常，不懂得真正的意義者而言。[5]

這種以「不遷」來對破「遷流」的施教方式，被吉藏完全吸收並貫徹於他整套學說之中，形成了他的中道學說。他將此教法適於整個佛教經典系統中，進一步地推展出，一切教門無有定性，但令病息、[6]以及「經中若立若破，皆為破病」[7]等主張與說法，基於這個方便對破

4　陳惠達：《肇論疏》（《卍續藏經》卷一五〇，頁892，上至下）。

5　呂澂著：《中國佛學源流略講》（臺北：天華出版事業公司，民國71年〔1982〕），頁114。

6　參見《二諦義》卷中、（《大正藏》卷四十五，頁94，下）。

7　《二諦義》卷中；（《大正藏》卷四十五，頁94，下）。中文云：「問曰、經中有立有破；何得言皆破耶！解云：經中若立若破；皆為破病；何者？經中說一色一香皆為顯道；若不顯道；可不破病；既若立若破；皆為顯道故，破立皆為破病也；經既然；故論主學經、師學論主；大小乘人；有新故兩病故；有兩主出世破之；提婆破

的教化原則，吉則將當時流行的一切論說全納入這教化系統中，甚至一些本非般若思想系統的經典及術語，如：《涅槃經》《勝鬘經》、佛性、涅槃等觀念，亦以他獨特的雙遣對破方式來解說及融會貫通，以便使其納入三論宗的教化系統之中，吉藏對思想之融攝性，從他的論著或義疏的文字上看來，他是位能夠綜合南北朝時代各部經論思想的學僧，這些我們可以從，例如：《般若三論》、《法華經》、《華嚴經》、《維摩經》、《涅槃經》等典義疏文字中看出來，再而他以那無得的方便施教精神，貫串起諸經論的義理，消解了各經之矛盾，整理及統合各其爭論的概念，建立起雙遣對破的中道思想，因此，吉藏的中道學說自有其普遍的意義，即能遍於一切經典教化之上而不致使產生自相矛盾，這是佛教傳入中土後，能夠融會所有經典，納入一大教化系統中，吉藏可說是第一人。[8]

前文曾談及「八不」的問題，吉藏對此，是有他自己的一套看法的。我們知道八不是表示一切不，即：吾人迷執雖是無量無邊，但究其根源，不出此八事，所以生滅、一異、斷常、去來是表示一切的迷見，對於一切法，加上「不」字，以作否定性的看法，而作破報之用，吾人之主觀，講有執有，說無執無，生滅乃至去來，都是執見。

所以我們必須打破八執，即：否定了一切執著時，中道境界即顯，所以八不即是中道，中也不是另外一種什麼實體的東西，只是八不（一切不）即是中道，破邪即是顯正，因為有「所立」之執，又會墮落偏見，只是把無可名的究道境界，強名為中道而已，這種「無所

故病；龍樹破新病；論主既然；大師亦爾；破此新舊等病故；作如此說也。」

8　雖然從歷史時間的先後來看；天台的知顗大師較吉藏為年長；同時在成就上也較大；依據唐君毅先生所著《中國哲學原論・原道篇》卷三中所云：「吉藏之義；自是直上承般若三論；而下通於涅槃；法華者。天台智顗；則直下以涅槃與法華為宗；而取般若三論為用；吉藏雖年稍晚於智顗；然其所承之思想之大流；則早於智顗；⋯⋯至於時間之先後；或其思想實際上如何相互影響；亦可暫不問者也。」

得」、「無所立」即是一切法的見解，乃是三論宗或吉藏思想的特質所在。

　　至於「中道」的解釋，在佛教界各系均有不同的看法，[9]而三論宗以「無住」為「體中」，而「體中」中開為兩用（開門），即：真諦與俗諦。又，三論宗中的「中假師」乃以非有非無為「中」，「而有」「而無」為「假」。

　　再而我們又發現吉藏在《中觀論疏》卷一中有云：

　　　　非生非不生既是中道，而生而不生即是假名，此假生假不生即
　　　　是二諦，故以無生滅生滅為世諦，以生滅無生滅為第一義諦。

9　「中道」的解釋；在佛教界各宗均有不同的看法：

```
                  ┌ 數論師＝以泥團非瓶非非瓶為「中」
  1 外道之中道 ┤  勝論師＝以聲不名大不名小為「中」
                  └ 勒沙婆＝以光非闇非明為「中」

                  ┌ 事中＝無漏大王不在欲界及非想地為「中」
  2 毘曇之中道 ┤
                  └ 理中＝苦集之理不斷不常為「中」

                              ┌「因成假」乃不一不異故中道
                    世諦中道 ┤「相續假」乃不常不斷故中道
                              └「相待假」乃不真不虛故中道

  3 成實之中道               ┌ 真諦雖無名相，但仍假立名字，無相真諦與名字
  （以離有離無為中） 真諦中道 ┤ 真諦之間，有非有非無之關係，故云中道。
                              └ 俗諦之有非「實有」
                    └ 非真非俗中道

                    真諦之無非「定無」非有非無即中。
```

4 大乘之中道＝以非安立諦（不著生死，不住涅槃）為中。

```
                                真諦
        義本者＝以無住為體中（合門）           開門
三論之中道                        俗諦
        中假師＝以非有非無為「中」，而有而無為「假」
```

然假生不可言生不可言不生，即是世諦中道，假不生不生不可
言不生不可言非不生，名為真諦中道，此是二諦各論中道，然
世諦生滅是無生滅生滅……豈是生滅，生滅無生滅，豈是無生
滅，故非生滅非無生滅，名二諦合明中道也。[10]

在這段文字中吉藏說明了中道，二諦及假名的意義，然而這當中所謂
的「中」，僅只是一種形式，究竟也不可執此形式，因此吉藏又在其
論中作了說明，例如：他在《中觀論疏》、《大乘玄論》、《三論玄義》
分別對「三中」及「回中」作了解說，所謂「中道」，並不是有一個
叫做「中道」的東西，只是把泯滅偏見的狀態，叫做「中道」而已，
只是為治偏見而說「中」的。吾人意識上的見解，概有一種偏見，為
治此偏病所治之藥，叫做「中道」，這叫做「對偏中」；偏見如滅，即
是中道，這叫做「盡偏中」或「對邪中」。藥是治病所用的，病若
癒，藥亦無；病若上，即無中道之存在，如執於「中」，亦成為
「偏」；吾人的認識，思想多有妄執，都是不完全的，而超越人吾人
意識的絕對境界，叫做「絕對中」或「絕待中」而《大乘玄論》則把
這意思，叫做「實義中」，也就是，絕對中是實義的。

　　三論宗設名真俗二諦，說：真諦是空，俗諦是有，這是於無名相
中，假說名相，欲以對治執「有」及執「空」的，由真諦的「空」以
破「有」，由俗諦的「有」以破「空」，這叫做「成假中」。關於以上
的文字說明，我們或可以圖表示之：

10　《中觀論疏》卷一，（《大正藏》卷四十二，頁10-11）。

佛教設名真俗二諦是空，俗諦是有，這是於無名相中，假說名相，欲以對執「有」及執「空」的，由真諦的「空」以破「有」，由俗諦的「有」以破「空」，這叫做「成假中」。關於這個概令在《三論玄義》中有云：

> 成假中者，有無為假，非有非無中，由非有非無，故說有無，如此之中，為成於假，謂成假中也。所以然者，良由正道未曾有無，為化眾生，假說有無故，以非有無為中，有無為假也。就成假中，有單複疎密橫豎等義，具如中假義說，如說有為單假，非有為單中，無義亦爾。有無為複假，非有非無為複中，有無為疎假，非有非無疎中，不有有為密假，有不有為密中，疎即是橫，密即是豎也。[11]

在這段文字中的「如說有為單假，非有為單中，無義亦爾，有無為複假，非有非無為複中」五句，在《大乘玄論》卷一，則為：「偏說一假有，不說無，是單假，偏說一假無，不說有，亦是單假，偏說一非有，即是單中，非無亦爾雙說假有假無，是複假，雙說非有非無是複

---

11 《三論玄義》卷下，（《大正藏》卷四十五）。

中」[12]，至於「疏、密」的問題，在《大乘玄論》卷一中云：「以其兩
來就有、無二法辨，故是疏假，若辨密假，非有非不有，而有而不有，
以其就一法明義，是即兩法疏，一法故密。」[13]在這裏的意思是說，
就有和無二種概念進行辨別，所以是疏假，若辨別密假，既不是有又
不是不有，或說既是有又是不有，因為這是就一種概念說明意義，所
以講到兩種概念（如有、無）就稱為疏，只講一種概念（如：有）就
稱為密，再而關於豎、橫的解釋，在《大乘玄論》卷二中，則云：

> 言豎者，謂之縱，縱只是深，即經之深旨……橫通諸論者，橫
> 只是廣闊之稱，亦為對治藥病，如有無相治等，悉是橫論。[14]

在這裏說明了，豎就是縱，縱僅是深，就是經的深奧宗旨……橫通達
各部論，橫只是廣闊的意思，也是以藥治病，如有，無互相對治等，
都是橫論，綜觀以上所析，我們可以瞭解到，吉藏為使人不停滯於言
教，為令人無不契合於真理想見，設立種種釋義，這可說是他特有的
方法。

二　「中道」即在破邪顯正

　　吉藏另一大成就的地方，就是他的中道學說，一方面繼承著龍樹
雙遣辯破的精神，將當時種種有所得之學派大加破斥，以期對方捨棄
執著，使心露起升，從這角度下，一切語言文字皆須破斥。凡有所論
所說，必落於二邊，故皆可對破，從對破二邊而使中道離言之旨，但

12　《大乘玄論》卷一，(《大正藏》卷四十五，頁20)。
13　《大乘玄論》卷一，(《大正藏》卷四十五，頁15)。
14　《大乘玄論》卷二，(《大正藏》卷四十五，頁25，中)。

吉藏從另一方面又重新建立語言文字的存在價值，這是他從教化的立場下，既然眾生有種種不同的執者，因此，語言文字便有其方便施教的作用，以達到對破著之目的，所以，種種語言教說，若不對之執實，便可運用於一切教化之中，吉藏於此，重新建立語言之地位，更將各個教說納入自己的教化系統之中，這樣一破一立，完全表現出吉藏深切悟解佛家之中道精神，透澈了解語言的局限性及方便價值。

　　吉藏中道學說另一點值得我們注意的地方，那就是在於他能貫徹於無住的精神，不停留於任何一處。譬如：在解說《維摩經》「入不二法門品」時，僧肇之註中認為維摩居士之默然無語為真入不二法門，因此無言高於言說。僧肇註云：

> 有言於無言，未若無言於無言，所以默也，諸菩薩措言於法相，文殊有言於無言，淨名無言於無言，此三明宗雖同，而跡有深淺，所以言後於無言，知後於無知，信矣哉！[15]

吉藏繼承著這個思想概念來說明《維摩經》「不二法門」的主旨，對此他曾云：

> 大論不二，凡有三品：一、眾人言於不二，未明不二無言，所謂下也，二、文殊雖明不二無言，而猶言於無言，所謂中也，三、淨名默鑒不二無言，而能無言於無言，所謂上也。[16]

再而吉藏又云：「教有三階，而理無二轍」，[17]也就是說三者其實只是

---

15 僧肇注：《維摩詰經》卷八，(《大正藏》卷三十八，頁399，中至下)。

16 《淨名玄論》卷一，(《大正藏》卷三十八，頁853，中至下)。

17 同註16，頁853，下。

在教化方式上不同，而通於不二之理則一，因此，言與無言皆為教化上之方便，故未嘗不平等也。再進一步，吉藏從眾生之根性上說出他超越前人的看法，其言曰：

> 託跡三根，本為引物、……上根聞初則領，中人待二始悟，下根至三方曉。[18]

從眾生的根性上來說，則若在初接觸言於不二時，便即能破於言說，無執於二邊而悟者，正是屬於上等根器。至於再須文殊菩薩所示之言於無言，才能悟解的話，那麼那是屬於中根者。若更要等待維摩居士之示默而使無言於無言方悟者，實為下根之人也。概括地說，那就是表現出上根的人初聞即能徹悟，中下根人則須反覆示明之，才能使之悟入也。吉藏這一說法，綜合看來的確較僧肇之說法。要能更翻進一層，使不停滯於無言之境，而進入到「文字即解脫」，[19]「言即不二」[20]的圓融境界：

由於吉藏這套中道學說是貫徹著「破邪即顯正」的宗旨。因此在運用上他首先必須對當時所有的學派作深刻的認識，然後方能以相反之論點，對破其主張，使其二邊雙遣，悟入中道。吉藏自幼出家，悟性甚高，加上力學不倦，於戰亂其間更廣集文疏以作研究。[21]因此他對當時各學派之主張均十分瞭解，故而在運用對破方式來破斥對方時，亦能明察其中缺失，而予以論斥，雖然如此，但就其所評破之各

---

18 同註16，頁854，中。
19 《二諦義》卷下，(《大正藏》卷四十二，頁112，下)。
20 《淨名言論》卷一，(《大正藏》卷三十八，頁856，中)。
21 依據道宣《續高僧傳》所載：「在昔陳隋廢興，江陰凌亂，道俗波迸，各棄城邑，乃率其所屬，往諸寺中，但是文疏並皆收聚，置於三間堂內，及平定後，方洮簡之，故目學之長，勿過於藏。」(《大正藏》卷五十，頁514，下)。

學派之主張而言，是否如吉藏所示那樣簡單而加以評破，在這當中仍存著諸多疑問，再而，吉藏只站在義學的範圍內，從言論上破斥對方的主張，他並非從宗教生活實踐上去思考。因此，吉藏這套對破之學說，諸多地方僅能服人之口，並未能服人之心，使人有強辯之感，所以不免使到現代學者感覺煩瑣了。[22]其次，吉藏本人的人格也受到時人之批評，對此，如《續高僧傳》云：

> 然愛狎風流，不拘檢約，貞責之識，或所譏焉，加又縱達論宗頗懷簡略，御眾之德非其所長。[23]

從慧皎所敘的這段文字，便可見其一斑了。除此之外，在當時三論宗的繼承者亦未有如吉藏般的豐富學識及氣魄，所以三論宗在唐朝便漸漸被其他流行的教派所取代而衰落下來了。

但吉藏這套二邊對破的中道學說，後來卻由禪宗所繼承、吸收，而轉向應用在日常生活中成為禪宗活潑的施教方式，禪宗六祖慧能（638-718）在臨終時對弟子的教示中，便告知弟子使用這對破方法，云：

> 忽有人問汝法，出語盡雙，皆取對法，來去相因，究竟二法盡除，更無去處，……此三十六對法，若解用，即通貫一切經法，出入即離兩邊。自性動用，共人言語，外於相離相，內於空離空，……若有人問汝義，問有，將無對；問無，將有對；

---

22 參閱中村元著，徐復觀譯：《中國佛教徒的思惟方法》第五節，《世界佛學名著譯叢》（48），頁64-66。又見藍吉富：〈漢譯本「中論」初探〉一文，收入張曼濤編：《現代佛教學術叢刊》（48），頁28-30。

23 見慧皎：《續高僧傳》，（《大正藏》卷五十，頁514，下）。

問凡以聖對；問聖，以凡對，二道相因，生中道義[24]

這裏很清楚地顯示慧能具以破除弟子的偏執為教化的目的，由破除二邊偏執邪見，使對方悟入中道正見。禪宗這套施教手法，特點在於「無一套心識論之教理，而祇有在功夫上的指點」。[25]這套施教方式，從思想發展史上來看，可說是繼承於三論宗，禪宗模仿吉藏的中道教說的地方，並將此教化方式突破了義學的範圍，直接活用於日常生活之中，成就其「實踐之中道行」，這不同於吉藏將中道學說建基於一龐大義學系統之上，因此更為普及於民間而得以廣泛流傳的主要原因。

三 「中道」融攝一切經論

佛教自東漢傳入中土，經過了數百年的消化與吸收，到了南北朝時候，已經漸趨成熟，其後再由吉藏的博學與精深的悟解，以《般若三論》的思想，統攝當時一切經論，上通於《華嚴經》《維摩經》，而下通《法華經》《涅槃經》，正好作為印度佛教傳入中國的一個總結。

吉藏的中道學說融攝一切經論於其教化系統之中，這也正表示了中國佛教已真正消化了印佛教經論，而開出自己的一個佛教新領域。自吉藏以後，中國本土佛教思想經已形成，接看具有中國本土特色的宗派，如：天臺宗、華嚴宗也相繼融入了中國佛教的分界線，同時也可說是豎立起中國佛教的一座里程碑。

---

24 見《六祖大師法寶壇經》，(《大正藏》卷四十九，頁360，中、下)。

25 參見唐君毅著：《中國哲學原論·原性篇》，第十章（臺北：臺灣學生書局，1989年），頁296。

結論

　　「中道」是佛教的根本立場，是在緣起的理法中以生、滅、斷、常、一、異、去、來，去破除八迷的錯誤看法，然而我們也知道佛法中所謂的「中」，主要的意義就是不流於極端，甚或是苦行如此在苦樂之間可以取得折衷的平衡態度，再而我們也考察到「中道」此一概念的解釋，在佛教界各系中均有不同的看法。然三論宗則以「無住」為「體中」，而「體中」中開為兩用，也就是真諦與俗諦、真俗二諦、真諦是空、俗諦是有，這是於無名相中，假說名相，在最後達致互破的高境。除此之外，「中道」另一主要焦點是在破邪顯正，目的是在繼承著龍樹雙遣辨破的精神，能如此則可捨棄執著，使心露啟升，最後達到與語言文字皆須破斥。當然在吉藏的思想中來說，他重新建立語言的規矩，於是便可收各個教說，納入自己的教化系統中，此一破一立，完全表現出了吉藏深切理解佛家中所謂的「中道」的內蘊精神。

第六章

三論宗在日本之流傳及其研究

一　三論宗流傳到日本

　　三論宗，印度龍樹（Nagarjuna, 150-250）之《中論》五百偈與青目之注釋及加上鳩摩羅什漢譯《中論》四卷，同龍樹著《十二門論》一卷，龍樹弟子提婆（Deva）的《百論》附加婆藪注釋的《百論》二卷，為三論宗所依據之經典而成立之宗派。

　　由此我們可以瞭解到此宗派的創始人為——龍樹，其生活年代約為西元三世紀，出生於南印度的一個婆羅門家庭，原為婆羅教學者，後皈依佛教，他知識淵博，在《龍樹菩薩傳》中，有云：

> 世學藝能，天文地理，國緯秘讖、及諸道術，無不悉練。[1]

　　龍樹不僅學識淵廣，同時在論著方而也相當的多，號稱「千部論主」，日本的大正藏收有二十多部；而中國藏文藏經則收有一百多部，[2]由於他的努力闡述發揚，此宗漸受重視，蓬勃廣傳，且對後代

1　《縮藏》九、《卍》二十七、三。
2　此各有不同說法，但經學者們研究，很多是偽作，假龍樹之名，確屬龍樹著作的只有十三部，即：1《中論》、2《十二門論》一卷、3《迴諍論》一卷、4《七十空性論》、5《六十頌如理論》一卷、6《廣破經廣破論》，7《大智度論》百卷、8《十住毗婆沙論》十四卷、9《大乘二十頌論》一卷、10《因緣心論頌釋》一卷、11《菩提資糧論》六卷、12《寶行王正論》一卷、13《龍樹菩薩勸誡王頌》一卷。

佛教的影響上十分深遠，所以後人尊稱龍樹為「第二釋迦」。

三論宗基本繼承印度的大乘空宗，屬中觀學派，而三論宗由印度傳到中國後流傳的時間約當梁至中唐時期，為時約二、三百年間，關於此宗傳至中土而後開始譯述及弘通情形，在此擬舉兩段文獻以資參考：

> 羅什三藏，姚秦之世，來至震旦，大翻經論，專傳此宗四論即是什師所翻，翻譯之美，古今流譽，深智之才，三國（天竺、龜茲、震旦）所尊，門徒繞仰如眾星圍白月，朝代歸宗似眾流會大海，生肇融叡竝肩相承，影觀恆濟同志美贊，曇濟大師繼踵弘傳，以授道朗大師，道朗授于僧詮大師。僧詮授于法朗大師，法朗授于嘉祥大師。

又云：

> 嘉祥大師本胡國人也，幼隨父來漢地，從法朗大師學三論，實是法門綱領，拔出古今，威德巍巍現象王之威，智辨明明，奪日月之照，製作繁多，廣施部帙，三論法華奏並為心府，大小兩乘，悉窮玄底，三論甚盛專在此師，諸祖之中，特定大祖，解釋盡理，不可加之，遂以三論授高麗慧灌僧正。

由此兩段文字便大略可以瞭解到三論宗自印度龍樹傳至中土，後到高麗的慧灌僧正經過情形，然而慧灌（？-695？）後來又將三論宗攜傳至日本，在日本弘通流傳，於是在佛教思想的影響上也頗為深遠！

二　三論宗在日本的弘布

　　三論宗由中國到日本，在前文中所提及的慧灌僧正，他可說是一位功不可沒的重要人物，以下擬舉一段相關的文獻資料來看，云：

> 僧正來日本廣傳此宗（三論宗），慧灌授福亮僧正亮授智藏僧正，智藏並授道慈律師賴光法師矣，道慈授善儀大德，善儀授勤操僧正。勤操授安澄大德，如此相承不絕，明師挺出互弘大義。明哉，三國傳承不墜，故義淨三藏云，天竺有二宗，瑜伽與中云云。教理甚深，何宗及此，布貴道詮有言，四河派流同出無熱，七宗分鑣俱出三論，當知，諸宗三論之末，三論是諸宗之本，豈有不入龍樹心府之宗乎矣，諸悉崇為大祖者乎。

　　此段文字主要在說明三論宗傳至日本及其弘傳的史實，在文獻的開始有「僧正」者，其所指為「慧灌僧正」也。在南都六宗[3]當中，最早傳來者則為三論宗，同時也最具勢力，可是後來以興福寺為中心的法相宗，因為受到藤原鎌足的支持而勢力漸長，於是逐漸地越占了三論宗的領域，因此薰習三論宗的僧侶遂日滅，故而到了平安時代其勢力便顯式微矣。[4]

　　然考諸史籍，第一傳三論至日本者為觀勒僧正，其於推古天皇十年（602）從百濟來日，接著是慧灌，其為高麗之僧侶曾赴中國受三論宗於嘉祥大師吉藏，之後，在推古天皇三十三年（625）到日本，

3　南都六宗為日本奈良時代的六個佛教代表宗教，即、俱舍宗、成實宗、律宗、法相宗、三論宗及華嚴宗。

4　參印順著〈三論宗史略〉，收入張曼濤主編《三論宗之發展及其思想》一書中（臺北：大乘文化出版社，民國六十七年〔1978〕）。

當時慧灌住元興開始講三論，特別弘傳此宗，當時日本適逢大旱，推古天皇命其祈雨，而慧灌即著青衣在壇上講三論祈雨，果然祈雨應驗故而任命為僧正，是為日本第二代僧正，第一代僧正為觀勒，此可算是日本三論之初傳。其次是福亮，原為吳國人（江蘇），後歸化日本籍，向慧灌學三論，後來入唐再學三論，學後歸來住在元興寺弘布三論，任僧正。再而在前面文獻中有智藏者，其為福亮在俗時之子，與父共同向慧灌學三論，並且也曾入唐學習三論，歸國後住在法隆寺，弘傳三論，而此可說是三論的第二傳。

其次，道慈為天平時人也，學德兼優，受三論於智藏，受法相宗於義淵，當大寶元年（701）入唐，在中國住了十八年，唐天子在甄選義僧一百人時，他也被選中，其一身積學了法相、戒律、成實、華嚴、真言以及三論，同時在中國期間曾從元康法師學三論。在養老二年（731）歸國，大力弘揚三論，並監督營建大安寺，此可算是三論在日本的第三傳也。其門下有：善議、安澄、勤操等系統，均在大安寺弘傳三論之學。之外，智藏的門下則有賴光，為著有《淨名玄論略述》，智光的同學，智光為一學僧，其著作眾多，如：《中論述義》《智光曼荼羅》等，是對阿彌陀佛信仰者，再而智光、禮光、道慈都同向智藏學三論，並且住在元興寺。

前面曾敘及善議年少時即入道慈門下，後來又再入唐研習三論奧義，回國後任在大安寺，他可稱是一位三論宗的法將，在嵯峨天皇弘仁三年（812）年圓寂。還有勤操曾向善議學三論，當時雖法相宗相當興盛，但對三論的護衛方面可謂盡了不少力量。在天長四年（827）入寂，於入寂之日受封贈僧正之號。另外，天臺宗的安澄為勤操的弟子，住大安寺，在當時可謂是三論之棟樑。他所傳後世的著作有《中論疏記》二十卷。在弘仁五年（814）一入寂，前面所論的是有關日本三論宗之傳承及弘布情形。

　　當三論宗發展到最後勤操、安澄時期便呈現式微現象，雖然如此，但其後仍不斷地相承發展，如：安澄的弟子玄叡，著有《大乘三論大義鈔》四卷；勤操的弟子願曉、聖寶開設醍醐寺，雖屬真言宗之高僧，然感嘆三論之衰微，乃東大寺建立東南院，作為期講傳三論宗之場所，時間甚為長久，一直到凝然時期，約十八世紀前後。

　　從元正朝到聖武朝，三論宗逐漸衰微，而此時起而代之者為法相宗。法相宗本為在三論宗為下位者，文武、元明二朝與三論宗對抗，到奈良時期更顯劇烈。三論宗之所以衰微之理由。為其所說者教義偏於消極性，而法相宗則猶如活動家般，較前者來得活潑，此可說是其主因吧！奈良時代三論宗已欲振乏力，到平安後期則唯有聖寶、謙倉時代的智舜、智空而已矣。今日的三論宗被華嚴宗所兼攝，已不見三論宗所屬的寺院了。綜觀前面三論宗自傳入日本後，經過弘傳發展，一直到平安及鎌倉時期便顯式微。然就前面曾提及有關其教義偏於消極性外，在此擬再列出數點印順大師對日本三論學者在思想取向上的意見，以作參考：

　　（一）以地論思想參合三論宗，強拉地論師的慧遠為無相大師。
　　（二）嘉祥大師主一切大乘經論平等有深淺，可是日本的三論宗學者們判《解深密經》為不了義教，與根本相左。
　　（三）三論龍樹無所得的正觀中道，日本三論學者則間從名相之擬議，而圓融中道。

三　日本弘傳三論宗的高僧

　　在前面我們敘介了日本三論宗的傳承及其發展歷史，然而在這當中對三論宗的弘傳方面有幾位關係頗為重要的高僧，在此擬列舉八位略加介紹：

（一）慧灌（？-695？）在推古天皇三十三年正月元旦從高麗來到日本，為最早在日本弘傳三論宗者。慧灌曾入唐到嘉祥寺向吉藏學三論，到日本後便住在元興寺，後由受命祈雨而應驗，被當時天皇授贈僧正之號，在日本來說是屬第二位。旋又當大和禪林寺落慶導師，當河內國志紀郡井上寺落成後，在此宣講三論宗。就其在從事弘通事業方面而言，約達六、七十年之久，在佛教的貢獻功德上可謂功不可沒也，至於其門下弟子較傑出者有：福亮、慧輪、慧師、智藏等。在日本《本朝高僧傳》《各宗高僧傳》《日本書紀》及《元亨釋書》均載有其事蹟。

（二）勤操（758-827）在天平寶字二年，生於大和高市郡，十二歲時大安寺信禮處學。當十六歲時又悄悄地到高野山修習坐禪等，後從母命入東大寺，在善議法師處學三論宗。弘仁元年在大極殿講《最勝王經》，在紫宸殿舉行各宗論討時，為座長，後曾任僧都，也兼東大寺等要職。淳和天皇時勤操主持西寺，並開設大和石淵寺，天長三年任大僧都，翌年天長四年五月七日，在北院西寺入寂，年七十。據弘法大師的傳記載錄，勤操曾是空海受戒法師，關於根本資料方面可參考《元亨釋書》及《本朝高僧傳》等。

（三）真空（1204-1268）京都大通寺，也稱迴心、中觀，元久元年生。幼年即入奈良東南院，曾向貞禪、定舜學三論，後又到醍醐寺理性院修習，因敕命回奈良。為律師，時人稱其為東大寺之碩才。寬元初，移住木幡觀音院提倡戒律，建長三年，迎實相，於戒壇院講《法華疏》及《三論玄義》。文永四年為鎌倉無量壽院的住持，翌年七月八日六十五入寂。其著作有《三論玄義檢幽鈔》七卷、《往生論註鈔十因》及《文集三廟鈔》，在《本朝高僧傳》《後傳燈廣錄》及《諸宗章疏錄》均載有其事蹟。

（四）智光（709-780）為一學僧也，《智光曼茶羅》一書之作

者，曾向智藏學三論。雖常到元興寺，但則住在同郡的鋤田寺。智光的著書現存者有：《大般若心經述義》及《淨名玄論略述》，然而也傳曾著有《大般若疏》《中論疏述義》《法華玄略述》《盂蘭盆經述義》等。

（五）奝然（？-1016）奈良東大寺三論宗之學僧。出生於京都藤原氏，幼年即入東大寺，在東南院觀理處學三論、石山寺元杲處學密法，後再到中國五台山拜文殊師，又曾赴印度釋迦的遺跡巡拜等。天元五年，描繪彌勒、文殊德像，並招集眾僧侶於常住寺開講《法華經》及《仁王經》。永觀元年，曾組六人團入宋，此為宋太平興國八年事，在上京途中向皇帝獻銅器十餘品，本朝職員令、年代記、唐越王孝經新義各一卷，而宋太宗則予紫衣並贈法濟大師之號。奝然在五台山時，太宗曾敕令準備其途中糧食、當他自五台山歸國時，太賜贈刻本大藏經等，奝然高僧對中日兩國之間佛教交流及發展可謂貢獻至鉅也。

（六）珍海（？-1152）東大寺禪那院之學僧，在東大寺的東南院覺樹處學三論，醍醐寺、三寶院的定海處倉學密教等。仁平二年為醍醐寺之定額僧，在無量光院專峭講《大日經義疏》，又特別也述因明、勝鬘、華嚴等經。其著作則有《因明四種相違私記》三卷、及《淨土義私記》等。珍海高僧於仁平二年十一月二十二日入寂，但其年齡則有數說，六十、六十二、或六十五，並未有肯定者。

（七）道慈（？-1744）其為大和大安寺住持，出生於大和添上之額田氏，幼年即入佛門，從智藏學三論宗，又向龍門寺的義淵學法相宗。大寶元年渡唐，各地尋訪學三論。在長安時曾被選主講《仁王般若經》，學問淵博。養老二年，在中國十八年後歸國，住在大安寺弘傳三論宗。慧灌、智藏、道慈三人均曾渡唐學三論而後為三論宗之三傳者，道慈兼學法相、戒律、成實、華嚴及真言，在天平九年於大

安寺轉讀《大般若經六百卷》，同年十月初次講《金光明最勝王經》。
七十歲天平十六年十月入寂，其事跡於《續日本紀》《懷風藻》《元亨
釋書》及《本朝高僧傳》均有記載。

（八）永觀（1033-1111）長元六年生，為文章博士源國經之
子，幼年入石清水八幡宮別當法印元命之門，後於東大寺受戒，並向
東大寺有慶、顯真二僧學三論及法相二宗，二十五歲當平等院番議
等，四十七歲時撰著《往生講式》，而晚年為東大寺別當職，並專心
著作。其主要著述有：《往生拾因》《阿彌陀經要記》《他觀想文》《常
途念佛記》《決定往生行業文》《往生極樂讚》及《念佛勸進緣起》
等，天永二年十一月二日，七十九歲示寂。

以上所列八位日本高僧均與三論宗之傳承及弘通方面都有直接的
關係，且其中多位曾渡唐入宋，訪尋拜師修習三論，之後返國開設寺
院，弘傳三論教學，彼等於佛教思想及事業方面，的確有值得大書特
書的無上功德的。

四　明治以前的中觀研究

在日本明治以前，有關中觀思想的研究，主要是偏向於嘉祥大師
吉藏三論宗方面，故而注釋吉藏的著作，其中多為慧灌所初傳至日本
者，就一般的考察吉藏的著作中要以《三論玄義》較廣為研究和引
用，其次則為《中論》、《中論疏》等。

再而安澄的《中論疏記》為日本三論疏中最古者，全書二十卷，
約在八〇七年左右。當然吉藏的《三論玄義》較廣為研究和引用，其
次則為《中論》《中論疏》等。

吉藏的《三論玄義》是以龍樹、提婆的空觀思想為立足點所寫成
的綱要性的著作，而在三論其他相關的佛書中可說沒有比這個更為基

本的三論宗典籍了。除外，吉藏的《中論疏》，在書裏占了龐大的篇幅，介紹有關論主的詮釋與論說，引論博廣，構思深邃。現在擬臚列有關日本所見三論宗方面的研究專著，如下：

1 玄叡（？-848）《大乘三論大義鈔》四卷。

2 珍海（1092-1152）《大乘正觀略私記》一卷、《三論玄疏文義要》十卷、《大乘玄問答》十二卷、《三論名教鈔》十五卷。

3 中觀澄禪（1227-1307）《三論玄義檢幽》七卷。

4 藏海（1254-？）《大乘玄聞思記》一卷。

5 貞海（1324-？）《三論玄義鈔》三卷。

6 聞證（1625-1688）《三論玄義誘蒙》三卷等。

以上各有各的特色，對《中論》《三論疏》《中論疏記》在和書中都可發現隨時引用札記、其次關於寫本方面，則有：

1《中論疏第二抄》（一冊）　弘安十年（1287）。

2《中論疏聞思記》第一（一冊）。

3《中論疏聞思記》六、七、八　藏海　正應三年（1291）。

4《中論疏玄指》第二（二冊）　道曉　嘉元三年（1305）。

5《中論疏抄》自第一至五（一冊）　鎌倉時代中期。

6《中論疏第一聽聞抄》（一冊）　鎌倉時代後期。

7《中論疏》卷上注釋（一冊）　鎌倉時代後期、卷首尾缺。

8《中論疏第一末抄》（一冊）　德治元年（1305）。

9《中論疏第一補闕末分抄》（一冊）　澄賢　元德二年（1330）。

10《中論疏第一補闕抄》（一冊）　崇憲　明和九年（1772）。

11《中論疏聞薰抄》（五冊）崇憲　安永三年（1774）。

12《中論聞解抄草案》一、二、六、七（四冊）　崇憲　安永三年（1774）至安永七年（1781）。

13《中論疏輪繩》（二冊）　寥海。

14《中論考六》（全六冊中之第六）　眾寶　安永三年（1774）。

15《中論第一中疏拔書》 （一冊） 庸性。

以上所列舉各書均為寫本，目前均珍藏於奈良東大寺圖書館中。關於著者方面現擬作若干說明，首先是澄賢（1294-？），他是《三論玄義鈔》著者貞海[5]的後輩。在元德二年（1330）澄賢曾參加貞海有關《中論疏》的講筵。然在願曉《大乘法門章》寫傳、又《大乘玄論述義引文抄》（三冊）（自正中二年至嘉曆元年）中所傳云，其次在《大乘玄第三佛性義引文抄》中所記云：正中二年澄賢三十二歲的記載看來，那麼澄賢的生年應該在永仁二年（1294）則可推知，除此之外，他並著《大乘玄第三生疑抄》一冊。

至於崇賢的傳記則不詳，但是留傳後世其所著的作品則有：《大乘三論宗嗣承傳》《大乘三論宗嗣資》《大乘玄二諦義聽書》（1767）等。又後世的寬盛自崇賢相傳了一冊《三論宗經論章目錄》；至於庸性則於德川時代確實是一位相當有名的三論學匠。其他如道、寥海、眾寶等人的生平事蹟則不詳也。

再而關於三論教學一般性方面的，則有：

1 豐山尊祐的《三論玄義科註》（1686）。

2 華嚴鳳潭的《三論玄義首書》（1701）。

3 真宗慧雲（1730-1782）的《三論玄義懸談》。

4 真言宗如實的《三論玄義拔出記》（1748）。

5 新義真言如幻道空（1693-？）的《三論玄義大例》（1744年寫本）。

6 真言宗明道（1738-1796）的《三論玄義玄談》。

7 真宗曇龍（？-1841）的《三論玄義紀》。

以下是在東大寺圖書館所庋藏的圖書中，整理出來一些所見到的寫本佛典，這些都是有關三論宗的研究資料，現在臚列如下：

---

5 從鎌倉末至室町初期，貞海住在太秦桂宮院，主講《三論玄義》、《中論疏》、《大乘玄論》、其講義稱為《桂宮抄》、《拾玉抄》及《桂林鈔》。

1《三論途的用名目》（一冊） 淨俊 享保十一年（1726）。

2《三論宗通途所用名目》（一冊） 隆映 文化六年（1809）。

3《三論初心初覺抄》（一冊） 公祐 元祿五年（1692）。

4《三論宗初心初學抄》（一冊） 隆映 文八年（1811。

5《法華遊意鈔第一》（一冊） 快等 弘安八年（1285）。

6《大乘玄科門》（一冊） 天保五年（1834）。

7《三論玄義科玄譚》（二冊） 榮天 寬政三年（1791）。

8《三論玄肝要抄卷第二》（一冊） 盛夏。

9《三論玄私示》（一冊） 淨寶 天正三年（1575）。

10《三論玄義肝要抄》第一本末（二冊） 秀覺 元祿七、八年（1694、1695）。

11《三論玄聞書》（一冊） 英訓。

12《三論玄私考》（一冊） 公慶 天和三年（1683）。

13《十二聽聞撰出抄》上卷（一冊） 住心 正和五年（1316）。

14《十二門論抄》（上）（一冊） 延海（相傳順應） 文明七年（1475）。

15《大乘玄桂林鈔二諦義》（二冊） 英祐（相傳盛賢） 永享七年（1435）。

16《大乘玄一乘林鈔》本末（二冊） 聡海 永享九年至十年（1437）。

17《大乘玄八不義桂林鈔本》（一冊） 英豪（相傳快憲） 永享七年（1435）。

18《大乘玄論私記》（上）（一冊） （相傳英訓） 正嘉元年（1257）。

19《大乘玄論》第一抄第七相即以下（一冊） 英等（相傳重祐、英訓）。

20《大乘第一私示》（一冊）　智舜草秀芸　明應八年（1499）。

21《大乘玄聞書》（一冊）　昌英（相傳英等）。

22《大乘玄論第一抄》（四冊）第二抄（二冊）　英訓　天文十一
　　年至十六年（1542-1547）。

23《大乘玄論二私》（一冊）　延營　文明十二年（1480）。

24《大乘玄第三佛性義》內外有無門（一冊）　英訓。

25《大乘涅槃義》（一冊）　英訓。

26《大乘玄教義聞書》（一冊）　英海　永正九年（1512）。

27《大乘玄論引文之私抄》（一冊）　宗覺。

28《二諦聽書》（一冊）　慧存　寶曆七年（1757）。

29《釋迦譜抄卷第四》（一冊）　玄助。

30《二教論聞書》（二冊）　玄久　康應元年（1389）。

31《三論雜名目拾連》（一冊）　真鏡　天和二年（1682）。

32《春季談義不審》（一冊）　實慶　寬永十二年（1635）。

33《春季談義不審》（一冊）　實快　寬永十二年（1635）。

34《夏季談義不審》（一冊）　淨憲　寬永十五年（1638）。

35《春季別宗談義不審》（二冊）　實延　自寬永十七年（1640）
　　至正保三年（1646）。

36《秀義抄》一、二、三、六、八（五冊）　光祐　應永二十二年
　　至同二十五年（1415-1418）。

37（甲）《秀義抄第二》（一冊）　賢祐　永享三年（1431）。

38（乙）《秀義抄第二》（一冊）　春若丸　寬正二年（1461）。

39《秀義抄第六》（一冊）　實訓　明應四年（1495）。

40《秀義抄第七》（一冊）　實俊　永享五年（1433）。

41《三論勸學抄上末》（一冊）　延營（相傳興連）。

42《三論勸學鈔中下》（二冊）　實訓　寬永十年（1633）。

43《勸學鈔上下》（二冊）　晉懷。

44《三論宗論義集》（一冊）　成宥　文化七年（1810）。

45《三論宗定講》（一冊）　真英。

46《八幡宮勸學鈔》（一冊）　賢朝　寬永四年（1751）。

47《三論宗論義》（一冊）　英祐。

48《宗菩薩索車、唯識無境》　英計。

49《三論宗論議》（一冊）。

50《三論論義草》（一冊）　賴賢。

51《三論宗講師初心鈔》（一冊）　賴賢。

52《三論宗講師義抄》（一冊）　興順。

53《三論宗論義問用抄》（一冊）　宗助。

54《嘉祥論用意鈔》（一冊）　晉英。

55《三論宗論義》（一冊）　弘觀。

56《三論宗始學抄》（一冊）　亮覺。

57《三論宗論義》（一冊）　公胤。

58《三論宗論義》（一冊）　淨俊　元祿二年（1689）。

59《宗論義》（一冊）　盛賢。

60《三論宗論義》（一冊）　英經。

61《三論宗論義》（一冊）　性覺。

62《諸講問論義》（一冊）　英範　正德六年（1716）。

63《三論宗論義》（一冊）　寬盛。

64《三論宗論義》（一冊）　良叡。

65《三論宗論義第二》（一冊）　庸訓　元文元年（1736）。

66《自宗論草》（一冊）　寬海　嘉永二年（1849）。

67《三論宗論草》（一冊）　公俊。

以上所列舉者乃自日本弘安至嘉永年間有關三論宗的教學著論，依據

調查全部約有六十七部之多，其中有私考、私抄、論抄、論義等類別
甚夥，由此也可發現到日本早期對三論宗派教義之受重視及普遍弘傳
的情形。

五　日本大正以後佛學界三論宗的重要論著

接著下來擬就所見在日本大正以後佛學界所出版有關三論宗研究
的一些重要論著，如下：

1　《三論宗綱要》一卷（大正九年刊）　前田慧雲著（東京　丙午
　　出版社　大正九年〔1920〕）。

2　《鼇頭三論玄義》二卷（元祿十四年〔1701〕）。

3　《三論玄義解說》　高雄義堅著（昭和十一年〔1936〕）。

4　《三論玄論》一卷　金倉圓照著（「岩波文庫」　東京　岩波書
　　店　昭和十六年〔1941〕）。

5　《百論疏會本》　宮本正尊著（《佛教大系》六十二　昭和十二
　　年〔1937〕）

6　《佛性の研究》　常盤大定著（東京　丙午出版社　昭和五年〔
　　1930〕）。

7　《支那佛教史講話》下卷　第三篇隋唐──新譯時代　「第一章
　　三論宗」　境野黃洋著（東京　共立社　昭和二年〔1927〕）。

8　《中道思想及びその發達》第十六編　「支那佛教の中道義」
　　（京都　法藏館書店　昭和十九年〔1944〕）。

9　《三論源流考》　結城令聞著（《印佛研》第一卷第二號　昭和
　　二十七年〔1938〕三月）。

10　《三論玄義》　三枝充悳著（《佛典講座》卷二十七　東京　大
　　藏出版株式會社　昭和四十六年〔1971〕）。

11《國譯三論玄義》　椎尾弁匡著（《國譯一切經》諸宗部二　東京　大東出版社）。

12《中觀論疏》　泰本融著（《國譯一切經》論疏部六、七　東京　大東出版社）。

13「無得正觀の法門」　宇井伯壽著（《佛教汎論》上卷第八章　東京　岩波書店　昭和二十二年〔1947〕）。

14《三論玄義會本》二冊　今津洪嶽著（《佛教大系》十二、十六　大正七年〔1918〕　昭和五年〔1930〕）。

15「三論・成實宗」日本佛の宗派　鹽入良道著（《講座佛教》IV　東京　大藏出版株式會社）。

16「慧遠と吉藏」　橫超慧日著（收入《結城教授頌壽記念論文集》　東京　大藏出版株式會社　昭和三十九年〔1964〕）。

17《中國般若思想史研究──吉藏と三論學派》　平井俊榮著（東京　春秋社　昭和五十一年〔1936〕）。

18《三論解題》　羽溪了溪著（《國譯一切經》中觀部一）。

19《中觀思想展開》　安井廣濟著（昭和五十四年〔1979〕）。

20「中觀思想」（《大乘佛教》（7）　平川彰、梶山雄一、高崎直道編集　東京　春秋社　昭和六十年〔1985〕）。

21《中國佛教思想史の研究》（其中第三、四章）　佐藤成順（東京　山喜房佛書林出版社　昭和六十年〔1985〕）。

22〈吉藏著作の年の考察〉　村中祐生著（《印度學佛學研究》十六～十一）

23〈三論學派における約教二諦說の系譜〉　佐藤哲英（《龍谷大學論集》第280號　昭和四十一年〔1967〕7月）

24〈嘉祥大《二藏》義の成立考〉　村中祐生（《南部佛教》第二十二號　昭和四十四年〔1969〕一月）

25〈中觀の二諦說と三論の二諦說〉　安井廣濟著（《中觀思想の研究》　京都　法藏館書店　1970年）

26《中觀思想の研究》　安井廣濟著（京都　法藏館書店　1961年）

27《般若思想史》　山口益著（京都　法藏館書店　昭和三十一年〔1956〕3月）

28《中觀佛教論攷》　山口益著（東京　弘文堂　1944年）

29《空の世界》　山口益著（東京　理想社　昭和三十五年〔1960〕）

30〈空の考察〉　中村元著（《干潟博士古稀記念論文集》　福岡九州大學文學部　昭和三十九年〔1964〕）。

31《初期大乘佛教の研究》　平川彰著（東京　春秋社　昭和四十三年〔1968〕三月）

32《中觀と唯識》　長尾雅人著（東京　岩波書店　1978年）

33《中觀と唯識觀》　田中順照著（京都　永田文昌堂　昭和三十年〔1963〕）

34《大乘佛教の思想》　上田義文著（レグルス文庫75　東京　第三文明社　1989年8月）

35《大乘佛教思想の根本構造》　上田義文著（百花苑出版　1990年）

36《般若經──空の世界》　梶山雄一著（東京　中央公論社　1990年）

37《イソド佛教思想史》　第三章「大乘佛教」　三枝充悳著（1991年6月）

38《空の構造──「中論」の理論》　立川五藏著（レグルス文庫169　東京　第三文明社　1986年11月）

39《中論》（上、中、下冊）　立川五藏著（レグルス文庫158　東京　第三文明社　1991年8月）

40《緣起と空》　松本史朗著（東京　大藏出版株式會社　1990年5月）

以上所列舉四十種今人有關三論宗的論著，這些不僅是入門書，同時也是深層研究的重要參考資料，比如：常盤大定的《佛性の研究》，就是一本相當深入的論著，其對佛性作了細膩且透澈地探討並提出獨立的見解，讓讀者有一個清楚的認識。其次是境野黃洋著的《支那佛教史講話》，當中提到的「三論宗」一章，也是相當透闢地對三論發展作了分析並考證此宗之歷史，從龍樹、羅什一直到嘉祥大師吉藏的集大成，其間的譯經、弘傳、教義與變遷等情形，引經據典，旁徵博引，立說確鑿，也是一篇極值得一讀的論著，其他如：泰本融的《中觀論疏》、宇井伯壽的《無得正觀の法門》以及平井俊榮的《中國般若思想史研究》等，都可說是對研究三論學不可或缺的重要參考資料及文獻。

第七章

三論宗研究史料鉤擓

前言

　　中國三論宗學弘傳到日本後，由於當地的高僧們注疏宣講弘通，於是三論空宗的教義及思想在日本廣受重視，但是後來發展到了元正朝及聖武朝時，三論宗逐漸衰微，而此時起而代之者為法相宗，雖然三論宗在日本流傳發展的時間並不很長，可是留傳下來的論著則極為可觀（注：詳細資料可參閱本書第六章），三論宗傳到日本的時間相當早，約在推古天皇十年（602），由觀勒僧正從百濟攜到日本，從那時開始就不斷地師弟相傳，甚而渡海到中國覓師請學，相當興盛，這些在日本的佛教史上均有記載；而在這裏擬介紹的有兩部分：一、有關日本古籍中所調查到的一些三論宗的歷史資料，分別（一）宗名項、（二）宗義項、（三）傳統項、（四）修學項等四個部分；二、十七種日本高僧所撰三論著作之解題。

一　歷史資料

　　在日本古籍中記載有關三論宗方面的文獻資料，至目前為止似尚未見有人將它整理出來，然而最近筆者正在研究整理此一相關專題時，發現一些頗值得參考的文獻資料，現在就將它分類條錄出來，以供同好參考！

（一）宗名方面[1]

《元亨釋書》一，傳智。「釋智藏，吳國人，福亮法師俗時子也，謁嘉祥受三論微旨，入比土居法隆寺，盛唱空宗。」

《元亨釋書》二，慧解。「釋道慈，姓額田氏，和州添下邵人也，事吳智藏，稟三論學，大寶元年、入唐請益，時武后長安之始也，踏勝地尋明師，經律論多涉獵，益究三論之旨，養老元年歸，盛唱空宗」。

註：以上兩則文字證明了三論空宗的名稱確立，其次是在日本此宗名稱最早被載錄的古籍是《元亨釋書》。

（二）宗義方面

1 《八宗綱要》下（三論宗）

問：何故名三論宗乎？答：以三部論，為本所憑，故名三論宗。問：其三部者何？答：一《中論》四卷，龍樹菩薩造、二《百論》二卷，提婆菩薩造、三《十二門論》，龍樹菩薩造，是名三論，然若加《智論》百卷，即為四論，亦是龍樹菩薩造，此四論中，三論是通申論，通申大小諸教故，《智論》即別申論，別釋《大品般若》故（中略）就三論中，《智論》即別申論，別釋《大品般若》故（中略）就三論中，《中論》正破小乘，兼破外道等，顯大乘義，《百論》正破外道，傍破自餘，顯大乘義，《十二門論》，並破小乘外道，正顯深義，三論所明，不過二諦，凡此宗大意，破邪顯正二門為軌，論雖有三，義唯二轍，破邪則救沉淪，顯正則上弘上大法，振領提綱，唯此二轍，頗成大宗、（中略），破邪之外，無別顯政，破邪已盡，無有有所

---

1 是指日本「南都六宗」，所謂「南都」是「京都」對「北京」而言，也就是奈良，而六宗為三論宗、俱舍宗、成實宗、律宗、法相宗、華嚴宗。

得，所得既無，言慮無寄，然對破邪故，亦有顯正，一源不窮，則戲論不滅，毫理不盡，則至道不顯，無源不窮故，戲論斯滅，無理不盡故，會道是通，寄言談正，莫不顯明。問：若爾其顯正之義如何？答：至道是玄極，言論不及，言有則返愚，語無則非智，善吉所呵，身子被責，非有非無，非亦有亦無，非非有非無，言語道斷，心行處滅，湛湛無寄，寥寥絕據，不知何以而銘，強名顯正矣也。（中略）。問：此宗云何？談成佛果。答：一切眾生，本來是佛，六道眾生，本自寂滅，無迷亦無悟，豈論成不成乎？故此宗，迷悟本無，湛然寂滅，然假名門中，論於迷悟成不成耳。由此義故，成佛有遲有速，由根有利鈍故也。一念成覺是短，三祇成佛即長，一念不得三祇，三祇不妨一念，一念即三祇，三祇即一念，如一夕眠夢百年事，百年之事，還故一夕，經三祇故，萬行積成，在一念故，佛果速疾。

2 《天台圓宗四教五時津寺名目》上本，（三論宗）之下

尋云：第五三論宗者如何？義云：三論者，中論、百論、十二門論也，依此等論，建立宗義，故三論宗云也。如來滅後三百年後，龍樹菩薩出世，說諸法皆宗旨，又提婆菩薩，清辨論師等，同宣此理，是為元祖也，震旦將來事，羅什三藏，弘治三年，於長安城，西天經論翻譯時譯之，同十一年，以龍樹所造中論、十二門論、提婆菩薩所造百論，授生肇融叡四人上足，自夫已來，河西道朗，僧詮等，次第傳授，至嘉祥寺吉藏法師，盛弘通之也，日本傳來事，推古天皇御宇，高麗國惠慈，百濟國惠聰等渡之見，惠慈值吉藏法師傳之也。聖德太子崇之，建元興寺令止住，此人為師匠，太子修學佛法，其後孝德天皇御宇，天下大旱颰，惠慈奉敕講三論，忽降甘雨，草木生長，五穀純熟也，即被任僧正，居住元興寺，弘通此宗也，彼惠慈僧正門弟，福亮僧正，智藏僧正，代代被任僧正云云。

尋云：此宗宗旨教相如何？義云；宗教立三轉法輪二藏，接得大小權實教法也。三轉法輪者：一根本法輪，接華嚴；二枝末法論，接阿含、方等等諸經；三接末歸本法輪，接法華、涅槃等經。二藏者；一緣覺藏，接諸部小乘；二菩藏，接諸部大乘。宗旨，八不中道也，八不者，不生、不滅、不常、不斷、不一、不異、不來、不去也，是即諸法無著為宗旨也，以八不中道，破諸宗邪，別不立自義也。別立我義，還可落取捨故也。依之嘉祥釋云：言而無當，破而不取矣。立自義取一法，故還落執情也。嘉祥云，橫破八不迷，豎窮五句矣，五句者，一生、二不生、三亦生亦不生，四非生非不生，五非非生非非不生也。

尋云：三論宗意，一代說教并諸宗教法，如何可得意耶？義云；轉勢說法用一門云也，意真實法體，無言無說也，眾生利益方便，且設諸教法也。嘉祥釋云：一切言語，皆是假故，一切言語，皆是假名也矣。法相立三乘真實，一乘方便，天台立三乘方便，一乘真實也，皆是為機用一門，方便互諍是非事最誤也，適化一門邊，我宗非三非一為本，故別三一不諍是非也云云。

尋云：法相、三論，勝劣如何？義云：上代以法相為上，然應和年中宗論時，法相真如不八識能生云，真如不遍諸法云也，三論宗明真如周遍義，故為勝，法相上置之也。

註：上面所錄文字主要是在解釋三論宗義，我們知道佛法的宗旨，主要的是在破所謂有所得的妄見，也就是所謂的執邪，而各宗也無不以破邪顯正為宗的。但是各宗派的「破邪顯正」，都是在破邪之外別有所顯正的，而三論宗則並非如此，此宗即破邪之外，別無顯正，即破邪就是顯正，就前面資料看來，當時日本僧對發揮三論空宗的精義，的確是十分的踏實，大致是依龍樹的《中論》的根本思想作為論說基礎，除外並且還敘及了三論宗弘傳到日本的一些史實文字，這些在對

研究日本三論宗學的發展史而言，說是至為重要的參考資料。

（三）傳統方面

1 《拾芥抄》下本、諸宗

　　三論宗文殊師利菩薩、馬鳴、龍樹、提婆菩薩、清辨（已上天竺）、羅什三藏、智藏、肇師（或不載之）吉藏嘉祥大師最上（以上唐、日本道慈渡之）。

2 《八宗綱要》下〈三論宗〉

　　問：此宗以誰為祖乎？答：祖師血脈，三國相承，師師繼踵，此宗實明初以大聖文殊師利菩薩為高祖、次馬鳴菩薩以為次祖，次龍樹菩薩，妙弘此宗，龍樹授龍智菩薩，此二大論師，並二論師，並肩施化，龍智授于清辨菩薩，清辨授智光論師，智光授師子光菩薩，彼提婆菩薩，智解甚深，辨才絕倫，大破外道，盛弘佛教，論師此宗授羅睺羅菩薩，羅睺羅授沙車王子，王子授羅什三藏，羅什三藏，姚秦之世，來至震旦，大翻經論，專傳此宗（中略），生肇融叡，並肩相承，影觀恆濟，同志美贊，遂使曇濟大師，繼踵弘傳，以授道朗大師，道朗授于僧詮大師，僧詮授于法朗大師，朗于嘉祥大師，嘉祥大師，本胡國人也。（中略）。三論甚盛，專在此師，諸祖之中，特定大祖，解釋盡理，不可如之，遂以三論授高麗慧灌僧正，僧正來日，廣傳此宗（中略）。義淨三藏云：天竺有二宗，瑜伽與中論云云，教理甚深，何宗及此，普幾道邏有言：四河派流，同出無熱，七宗分鑪俱出三論。當知諸宗是三論之末，三論是諸宗之，本豈有不入龍樹心府之宗乎矣，諸宗悉崇為大祖者乎。

3 《三國佛專通緣起》中〈三論宗〉

　　百濟佛法，傳日域後，至推古天皇御宇三十三年乙酉，經七十四年，當大唐高祖武德八年乙酉，此年高麗國王貢僧慧灌來朝，此乃三論學者，隨大唐嘉祥大師，受學三論而來日本，是日域界三論始祖，而未講三論，裏玉而未開，從此前年，觀勒法師，自百濟國來，此亦三論宗之法匠，亦未講通法教，至第三十七代聖，主孝德天皇御宇，乃請元興寺僧高麗慧灌法師，令講三論，其講竟日，任以僧正，此乃日本僧正第二、（第一僧正為同寺觀勒）然僧綱補任記云：慧灌（或作觀字）法師，第三十四代推古天皇御宇三十三年，任僧正焉、有此異說，若會異說，本元興寺有九僧正，謂：慧觀、觀勒、慧師、慧輪等，前後補任，此等僧徒，皆為聽眾，講論竟日、總預勸賞，多人任以僧正矣。慧灌僧正，以三論宗，授福亮僧正，福高授智藏僧正，智藏越海入唐，重傳三論，遂乃歸朝，弘通所傳，是第二傳也。智藏授法道慈律師，道慈第四十二代聖主文正天皇御宇大寶元年辛丑，越海入唐，總傳六宗，三論為本，在唐學法，一十八年，第四十四代元正天皇御宇養老二年戊午，道慈歸朝，此年遷都於奈良，經十一年，道慈於唐，賷西明寺圖權而來，即奉敕詔，遷右京本大安寺於奈良京，任西明寺圖樣，華構周備，即於彼寺，弘在唐所學宗，三論為本，兼弘法相真言等宗（中略）。三論一宗。從唐土傳，有三代傳，一云慧觀僧正傳；二云智藏僧正傳；三云道慈律傳，孝德天皇御寺大化二年丙午、慧師、慧輪、智藏三般，同時任僧正，是三論講竟日之勸賞世也。智藏上足，有三般匠，乃道慈、智光、禮光也。智光、禮光、奈良新元興寺住侶，立仙光院，弘通法相宗，莊嚴極樂房，圖安養依正，安置彼房，是智光法師所建立也。如來滅後，二十一年，未廣講敷，大化二年丙午，初開三論講場，此即佛法傳日本後，經九十五年，始講三論，其第二傳，智藏僧正，未詳時代，應勘僧史，第三傳

者，道慈律師，大寶元年辛丑，初傳之後，經七十七年，當大唐第六
玄宗帝開元六年戊午。（中略）道慈授三論法義於善議，善議授法於
安證、勤操，西大寺實敏大僧都，受法於安證大德，即弘之彼寺，西
大寺三論宗者，實敏所弘也，自爾已後，彼寺學三論宗，名哲繼踵，
橫豎弘通、弘仁聖代。玄叡律師，製三論大義鈔四卷，奉敕詔造之，
法隆學問寺，昔元弘三論宗，布貴道詮，及貞玄律師等，即法隆寺三
論宗也。近代弘法相宗，從昔習學太子三經疏，近代已來，昌致學
業，本元興寺，本學三論，遷彼寺於平城都已來，專弘三論，智光、
禮光、俱住彼寺、智光授法於叡法師，靈叡授之於藥寇法師，藥寶授
之願曉律師，此等諸德，皆元興寺三論宗也。願曉授法於聖寶僧正。
聖寶者七大寺之檢校也。以三論為本宗。兼學法相、華嚴、因明、俱
舍、成實，顯宗義途，精覈究暢、秘藏真言，研窮旨歸，包括之德，
無敵對者，遂於東大寺，建東南院，以為永代三論本處，即以宣旨，
元興寺三論智藏識供，見遷于東大寺，此寺元學三論，八宗兼學，自
昔傳來，人王第六十代醍醐天皇御宇延喜五年乙丑，聖寶建此三論本
處，補此院主者，乃三國相承三論長者，昔者諸寺之中三論碩學，以
官府宣，為宗長者，東南院主，代代碩德，皆為其選，至第七十一代
聖主後三條天皇御宇，殊以東南院務，為宗長者，所被宣下，東南院
務，聖寶已後，于今十八代，顯密兼學，作宗貫首（但勝賢一代為密
宗），寺中眾徒，從昔至今，學三論者，並肩繼踵，互奪金玉，俱靜
蘭菊，永觀、珍海、樹朗，重譽，並中古學英，乃智解鸞鳳也，明
遍、貞敏、秀慧、覺澄，俱近代名哲，是學識玉鏡也，厥後樹慶、智
舜、快圓、定春等，繼踵騰旨，不可勝計者也。

4 《元亨釋書》一、傳智

釋慧灌、高麗國人，入隋受喜祥吉藏三論之旨，推古三十有三

年，乙酉春正月，本國貢來，救住元興寺，其夏天下大旱，詔灌祈
雨，灌著青衣講三論，大雨便下，上大悅，握為僧正，後於內州創井
上寺，弘三論宗。

5 《元亨釋書》二、慧解

釋智光，內州人，共禮光止元興寺，得智藏三論之深旨，藏之室
中，推二人為神足，有靈叡者，受于二光，今之三論家，皆叡之胤也。

6 《元亨釋書》四、慧解

釋聖寶，讚州人，光仁帝之後也。（中略），寶應興福寺維摩講
請，立賢聖義，及二空比量義，三論之家，賢聖之義，從此始（中
略）。又建南京東南院，講三論之宗。

註：在前面列的資料中主要是關於三論的傳統方面的，也就是該宗的
歷史發展情形，資料來源是從《拾芥抄》《元亨釋書》及凝然的《八
宗綱要》，三部日本古籍中整理出來的，這些資料記載了當時日本三
論宗的流傳，以及後來的傳承秩序，同時最早三論傳至何寺院？由那
位高僧所負責弘傳者？時間年代均照實載記，文字翔實，故而對研探
日本三論宗的發展史而言，應該是不可或缺的文獻資料！

（四）修學方面

1 《類聚國史》百七十九、佛道

延曆十七年九月壬戌、詔曰：法相之義，立有而破空，三論之
家，假空而非有，並分軫而齊鶩誠，殊途而同歸，慧炬由是逾明，覺
風以益扇，比來所有佛子，偏務法相，至於三論，多廢其業，世親之
說雖傳，龍樹之論將墜良為僧綱無誨，所以後進如此，宜愍懇誘導，

兩家並習，俾夫空有之論，經馳聚而不朽，大小之乘，變稜谷而靡
絕，普告緇侶，知朕意焉。」（又見《東大寺要錄》）。

2 《類聚國史》百七十九、佛道

延曆廿一年正月庚午，敕，今聞三論、法相，二宗相爭，各專一
門，彼此長短，若偏被仰，恐有衰微，自今以後，正月最勝王經，并
十月維摩經二會，宜請六宗，以廣學業。（又見享祿本《類聚三代
格》二）。

3 《類聚三代格》四、太政官府

應分定年料度者數並學業事。（中略）。三論業三人（二人令讀三
論，一人令讀成實論）。右被右大臣宣稱，奉敕，攘災殖福，佛教尤
勝，誘善利生，無如斯道，但夫諸佛，所以出現於世，欲令一切眾
生，悟一如之理，然眾生之機，或利或頓，故如來之說，有頓有漸，
件等經論，所趣不同，開門雖異，遂期菩提，譬猶大醫隨病興藥，設
方萬殊，共在濟命，今欲興隆佛法，利益群生，凡此諸業，廢一不
可，宜准十二律，定度者之數，分業勸催，共令競學，仍須各依本
業，疏讀法華、金光明二部經，漢音及訓，經論之中，問大義十條，
通五以上者，乃聽得度，縱如一一業中，無及第者，闕除其分，當年
勿度，省察僧綱，相對案記，待有其人，後年重度，遂不得令彼此相
奪，廢絕度業，若有習義殊高，勿限漢音，受戒之後，皆令先必讀誦
二部戒本。譖案一卷羯磨四分律鈔，更試十二條，本業十條，戒業二
條，通七以上者，依次差任立義，複講，及諸國講師，雖通本業，不
習戒律者，不聽任用，自今以後，永為恆例。

延曆廿五年正月廿六日。（又見《日本後紀》卷十三，《類聚國
史》卷百七十九「僧尼令集解」。）

4 《元亨釋書》四、慧解

釋聖寶，讚州人，光仁帝之後也，年十六，投真雅法師得度。學三論于元興寺願及圓宗；唯識于東大寺平仁；華嚴于同寺玄榮。（中略）

註：以上所列四則資料內容是有關三論的「修學」方面的，所強調者是要如何修道及其次第，這過程中要視修學者之根機之利頓而以予施教，對在修學期間要重視規矩，同時要稽考各別對經疏的心得，例如：「縱如一一業中，無及第者，闕除其分」，又「諸國講師，能通本業，不習戒律者，不聽任用」等，便可見當時日本的佛教制度對修學事項規範得相當嚴格，要求也極澈底。

二 十七種日本高僧所撰三論著作敘解

由前面所列敘的資料中，我們大致對日本三論宗之傳承及其弘通發展情形有了個瞭解，然而一些日人高僧所撰述之著作，目前在書坊或圖書館都甚難覓得，必須至各個不同的教佛寺院藏經處請借，在這裏筆者想就查檢所得的進行討論。就考察看來，各論著對三論之義疏、章疏、疏記、疏抄、義抄、問答或緣起等，門類頗多，各闡經旨，深入透微讀後給人頗有匯眾說而歸宗之特色，於是，現在就將各論著簡略地敘解於下：

（一）《三論玄義檢幽集》（南）1、七卷、澄禪（1227-1307）述。弘安三年（1280）成立。也稱《三論玄義檢幽妙》。此書對吉藏的《三論玄義》之注釋方面而言是至為詳細的，故而自古以來凡讀《三論玄義》者，均把它當作主要的參考書。此書現收在《大正藏》卷七十，《日藏》（《三論宗章疏》1）。

　　（二）《三論玄義誘蒙集》（南）、三卷、聞澄（1635-1688）述。
是屬於吉藏《三論玄義》的注釋書，全依《三論玄義》本文的科段注
釋，全書三卷中，上卷通序歸於摧外道，析毘曇，排成實三破邪；中
卷呵破邪中的大執，顯正中明人正，顯法正，下卷則是分別解釋眾
品。現收在《大正藏》卷七十、《佛教六系》一至四。

　　（三）《三論玄義疏文義要》（南）、十卷、珍海（1091-1152）
撰，約自天承一（1131）年至保延二（1136）年著畢，珍海最初入惠
大寺覺樹之門，學三論、華嚴、法相及因明等，並通三論系的淨土
教，著有《菩提心集》《大乘正觀略私己》《淨土義私記》等，又私下
繪有《仁王經法息災曼荼羅》等。此書是彙合眾疏後再對吉藏之《三
論玄義》之內容意義作解釋者。全書十卷，約可分為：1. 大意、2. 造
論緣起、3. 山門相承二諦義、4. 八不義、5. 二智、6. 八識、7. 佛性
論、8. 有二乘與無二乘、9. 菩薩地位義、10. 三佛義、11. 淨土義、
12. 涅槃義、13. 問答三十許。至於第一項「大意」與第二項「造論緣
起」的內容大略如下：首先1. 大意方面：宗意為無得正觀，二諦義、
八不義、佛性義，一乘義，涅槃意、二智義、教跡義、敘及論跡義，
《大乘玄論》的義科次第、教相事、大乘經無淺深、般若非三乘通
教、般若涅槃相對、頓漸二教、三轉法論、教相異說、他宗立教、諸
經說時，般若部類，大品金剛前後，二夜經等。2. 造論緣起方面：所
論者為龍樹與提婆的造論，與人正、法正、中論、百論前後四論、三
論之稱謂。在十卷當中的解釋詳細清楚，此為該書的特色，現收在
《大正藏》卷七十、《佛全》七十五。

　　（四）《三論玄問答》（南）、三卷、賴超（生歿年不詳）記，賴
超乃東大寺學僧，此書是作者以問答式體裁對三論宗的教義作考證與
解釋的論著、第一卷中是關二藏三轉法輪等問題，並且還有對經典淺
深相關的十五個問答、第二卷則有二十之題問答、第三卷則舉出了有
關修行階段的二十二題問答，現收在《日藏》「三論章疏」1。

（五）《三論興緣》（南）、一卷、聖守（1290-1291）述。全體主要為正明興緣、明佛因果、明結集佛法，明部別、明述成、明簡異、詮理、入道八段。該書由二方面概說三論宗，即三論宗歷史之由來與理論，是屬於綱要性的入門書，其內容的特點，主要是在強調和說明三論宗破邪的教義，進而通向一切有佛性的論說。現收在《大正藏》卷七十。

（六）《三論宗經論章疏目錄》（南）、一卷、作者年代均不詳，有關三論宗小部分的文獻目錄。載有《大品般若經》四十卷、《大乘起信論》一卷等，並且舉出了三論宗有關的經論三十五部的文獻名稱，其次，也載錄了鳩摩羅什撰的《大乘菩薩入道三種觀》一卷等八十四部經、論、章、疏的名稱。現收在《佛全》1。

（七）《三論宗章疏》（南）、一卷、安遠（生平不詳）錄、延喜十四年（914）完成，也稱《安遠錄》。由醍醐天皇之敕命由安遠所撰有關三論宗經疏目錄、經疏部始自吉藏的《法華義疏》十二卷，《法華新撰疏》等二十三部，在論疏則收錄了吉藏的《法華論疏》三卷、《中論疏》十卷等四十六部。現收在《正藏》五十五卷。

（八）《三論真如緣起》（南）、一卷、光汰記。三論宗為龍樹的《中論》、《十二門論》、提婆的《百論》，主張以破邪即顯正，立破同時的基礎下，破執心以外別無他立，認為空的極致即真如緣起、關於其中所論及的真如緣起方面均以問答式體裁說明。現收在《日藏》「三論宗章疏」2。

（九）《三論祖師傳》（南），本書所收為本朝三論宗祖師的傳記。編者生平不詳。孝德天皇時，三論宗的始祖為元興寺講三論的高麗慧灌。他曾向吉藏學三論；於推古天皇三十三年朝，那時住在法隆寺是吳人智藏，他也曾向吉藏學三論，而道慈由智藏所介，入唐學三論，而善無畏則學得密法而歸朝，此時大安寺剛建立完成。其後大安

寺系的善議、安證、勤操一脈相承三論學。傳記文字明白可讀，對日本三論祖師之事跡載記也甚詳。現收在《佛全》六十五。

（十）《三論祖師傳集》（南），本書自三國以下所收有關三論宗列祖六十二人的傳記。分成上、中、下三卷，編纂本書者應是鎌倉時初期東南院三論學僧，在卷上一開即點明三論宗較他宗來得優越；中卷自《名僧傳》等，也列入了羅什的傳記。下卷載入者有：僧叡、道融、曇影、僧肇、惠嚴、惠觀、道恆、竺道生八寶，其次則為曇濟、道朗、僧詮、法朗、吉藏，等人的傳記，再而至於日本祖師之項，自慧觀、智藏以下至俊海，東大寺東南院三十三代之傳記均略述於其中。現收在《佛全》六十五。

（十一）《十二門論疏抄出》（南）、一卷、尋慧述，元應二年（1320）九月二十一日抄出畢。也稱《十二門論疏抄》。此書乃弟子尋慧聆聽了聖然的講義後，整理出來者。列出吉藏在《十二門論疏》中難解文句或重要段文，再依據《法華義疏》《中論疏》《百論疏》等之說解釋之，其中並非全然是聖然之說，兼也舉出了些不同的看法，現收在《日藏》「三論章疏」2。

（十二）《十二門論疏聞思記》（南）、一卷、藏海述，正應三年（1290）十一月九日。在京都東山的攝嶺院坊聽了藏海師的《十二門論疏》講義，那時所聽到重要語詞，難解的文句者，在卷首附有注釋《十二門論》僧叡所寫的序文，現收在《正藏》六十五、《日藏》「三論章疏」2。

（十三）《大乘玄義問答》（南）、十二卷、珍海（1091-1152）抄，本書的內容主要是以問答形式論釋吉藏《大乘玄義》五卷，而十二卷的構成篇章如下：「問答」第一為《玄義卷》第一上的「二諦義」上；第二為《玄義卷》第一中的「二諦義短冊」上；第三為《玄義卷》第一下的「二諦義短冊」下；第四為《玄義卷》第二的「八不

義」；第五為《玄義卷》第三上的「佛性義」，第六為《玄義卷》第三中的「一乘義」；第七為《玄義卷》第三上的「涅槃義」；第八為《玄義卷》第四上的「二智義」；第九為《玄義卷》第四下的「二智義」之餘，第十為《玄義卷》第五上的「教跡義」上；第十一為《玄義卷第五中的「教跡義」下；第十二為《玄義卷》第五末論「跡義」，各章均詳細論說。其中第十一特別淨土論，引以極樂淨土論釋之，由此可知珍海對淨土觀之重視。至於引用方面有德一的《法相了義燈》、空海的《二教論》、玄叡的《大義鈔》、仙光的《中論疏記》等，內容至為博廣。現收在《正藏》七十。

（十四）《大乘三論大義鈔》（南）、四卷、玄叡（？-1840？），也稱《三論大義鈔》。本書是以問答形式說明三論宗的宗義。內容結構開始是自序，其次分為數 1. 述自宗、2. 諍他宗兩部分。自序主要簡略地說明本書著作的緣由，至 1. 的述自宗，又分為「問答大意」與「往復別義」，問答大意主要在對外道、毘曇、成實、方等四宗之論破，接著敘三論宗的大意、而往復別義則以吉藏的《大乘玄論》等為基礎，八不義、二諦義、二智義、方言義、佛性義、不二法門義、容入義、一乘義、教跡義、三身義十義、由大意門、釋名門、問答分別門方而論述之。2. 諍他宗方面，又分為「諍論不可」與「正述諍論」兩部分，所謂「諍論不可」、正諍論導人於佛法之利，誤諍論導人入三塗，說明了正諍論者可，誤諍論者否。至於「正述諍論」則論述了空有諍論、常無常諍論、種子爾不爾諍論、有性無性諍論、定不定諍論、變易生死諍論、三一權實諍論、三車四車諍論、教時諍論、說不說諍論等十論：

空有諍論，首先是考察清辨的空說與護法的有說，然後再對窺基和圓測之說加以論破。

常無常諍論，常、無常、亦常亦無常，非常非無常四句，於世俗諦方面

為「是」，至於在真諦方面則為「非」，在此則是超絕四句而論說。

種子爾諍論、五種姓（菩薩定性，緣覺定性，聲聞定性，三乘不定性，無性有情）在法相宗的情形而言為本有者，而於此則由三論宗的立場悉有佛性加以論破之。

有性無性諍論，對法相宗不認為悉有佛性加以論破後，強調與主張悉有佛性的看法。

定性不定性，在相宗主張五姓各別說之中，以聲聞不定生，緣覺不定生之說破之。

變易生死諍論，首先論變易身與分段身，其次，對法相宗在不捨分段身之下，則可取變易身見解加以駁斥之。

權實諍論，針對法相宗所言、《解深密經》的一乘為真實了義，《法華經》的一乘為密意不了義的看法加以論破。

三實四車諍論，從三車說的立場，駁論天臺宗、華嚴宗的四車說。

教時諍論，駁論法相宗、天臺宗等的判說。

說不說諍論，反駁天臺宗與真言宗的佛身說。

本書在對瞭解日本初期的三論教學而言，應可算是主要的參考書之一。現收在《正藏》七十、《佛全》七十五。

（十五）《中觀論疏記》（南）、八卷、安證（763-714）撰。從延曆二〇年至大同元年（802-806）完成。也稱《中論疏記》。自過去即被稱為三論宗的代表性著作，其內容是全面對吉藏的《中觀論疏》作解釋，列舉《中論疏》的本文。作逐句、段落的解釋，不僅對字義的說明，同時解釋中所引用經論出典也細加說明，並兼舉出其他異說，然後中肯地下論斷。現收在《正藏》（卷一末、卷四末、卷五末、卷六末缺）《日藏》「三論章疏」上下。

（十六）《中觀論二十七品別釋》（南）、一卷，也稱《中觀品釋》，其內容是以吉藏的《中觀論疏》為重心，將《中論》二十七品

的要旨分為來意、題目、入文三門解釋之。然並非對《中論》或《中觀論疏》中逐一語句之解釋，而是對以上二書的重點摘錄提要，現收在《正藏》六十五、《日藏》「三論章疏」。

（十七）《科註三論玄義》（南）、七卷、也稱《三論玄義科註》，尊祐（1645-1717）注，被視為和澄禪的《三論玄義檢幽集》同是注釋吉藏《三論玄義》最權威的著作。

後記

　　記得從一九七七年出國到日本大阪大學文學院中國哲研究室攻讀哲學與哲學史開始，便對思想哲學範疇相關方面的問題作了規劃，除了中國哲學史研探外，也兼及了佛教在中日之間的流布發展。當時在京阪一代研究中國漢學，阪大哲學研究的聲譽和成就是頗受學界注目的，因為除了在這裡的附屬圖書館內設有「懷德堂珍貴漢籍庋藏室」，收藏有百種楚辭、日本古代圖書書畫、宋版漢籍等，相當豐富。再而就是當時中哲講課的老師皆為名教授，如木村英一、森三樹三郎、日原利國、黑川洋一和加地伸行等，他們都是京都大學出身，所以也將京都大學的學風帶了進來，自由開放，偏傳統且嚴格，頗類似京都學派的精神。

　　我在阪大研究室前後待了五年，從碩士一直到博士課程修畢，在這段期間我除了研究中國經學思想外，也旁及了佛教的研探，如在佛教東傳及其內容教義與譯經，東晉至南北朝佛教與般若思想的傳播，鳩摩羅什的傳譯般若佛典，在宣揚大乘般若學的影響及貢獻等等，這些相關的研究資料，大部分都收藏在京都各個不同的寺院的圖書室，或京都佛教大學的圖書館裡，靜心搜找，可以找到不少寶貴的資料。學習課程告一段落後，曾回臺在學校擔任教師，之後於一九九〇年再申請到九州久留米大學比較文化研究科研究了五年。當時那裏的教授多是從九州大學、廣島大學轉來的，他們都是名學者，學識贍富，如研究儒學與佛教的荒木見悟、魏晉史學的越智重明、六朝文選學的岡村繁、朱子學的佐藤仁等都是著作等身、名聞國際的大學者，親近他

們，聆聽講課，互相論學，推探辨疑，心慧大開。期間我寫了不少佛學相關的論文寄到臺灣《獅子吼》雜誌發表，其他一些翻譯論稿則寄給了《國際佛學譯粹》或《佛教圖書館館刊》等刊載。

佛學研究，經典和資料十分龐雜，必須投入大量的時間及精神，才能釐清其中的各個脈絡。在這本小書蒐集的幾篇文章是我在研讀佛典後所寫的一些心得，以及在日本圖書館中搜查到高僧們對三論宗的詮解和論著目錄，從這裡可以看到三論宗在日本的流傳情形，提供大家參考。

最後本論集能在萬卷樓出版，要感恩總編輯張晏瑞的規劃和林以邠小姐的細心編輯，謝謝。

二○二○年九月十日於內湖困學齋

參考文獻

一　主要參考書目

《中論》　龍樹造　青目釋　鳩摩羅什譯　《大正藏》卷三十

《百論》　龍樹造　婆藪譯　鳩摩羅什譯　《大正藏》卷三十

《十二門論》　龍樹造　鳩摩羅什譯　《大正藏》三十

《迴淨論》　龍樹造　毘目智仙　瞿曇流支譯　《大正藏》卷三十二

《大智度論》　龍樹造　鳩摩羅什譯　《大正藏》卷二十五

《小品般若經》　鳩摩羅什譯　《大正藏》卷八

《摩訶般若波羅蜜經》　鳩摩羅什譯　《大正藏》卷八

〈龍樹菩薩傳〉　鳩摩羅什譯　《大正藏》卷五十

《轉識論》　真諦譯　《大正藏》卷三十一

《寶行王正論》　龍樹著　《大正藏》卷三十二

《大乘法苑義林章》　窺基著　《大正藏》卷四十五

《大智度釋論序》　僧叡著　《大正藏》卷五十五

《大品經序》　僧叡著　《大正藏》卷八

《鳩摩羅什法師大義》　慧遠問　羅什答　《大正藏》卷四十五

《大般若經疏》　《大正藏》卷三十八

《佛性論》　天親造　真諦譯　《大正藏》卷三十一

《大般涅槃經》　曇無讖譯　《大正藏》卷十二

《大乘義章》　慧遠著　《大正藏》卷四十四

《思益梵天所問經序》　僧叡著

《注維摩詰經序》　僧肇著　《大正藏》卷三十八

《雜阿含經》　劉宗　求那跋陀羅譯　《大正藏》　第二卷　阿含部下

《百論序》　僧肇著　《大正藏》卷三十

《中論序》　僧叡著　《大正藏》卷三十

《肇論序》　〔唐〕慧達　《大正藏》卷四十五　頁一五〇

《肇論》　僧肇著　《大正藏》卷四十五

《肇論疏》卷上序　〔唐〕元康著　《大正藏》卷四十五

《唐宋師延興寺吉藏傳》　〔唐〕道宣著　《大正藏》本　〔唐〕道
　　宣〈續高僧傳〉卷十一

《增一阿含經》　〔東晉〕瞿曇僧伽提婆譯　《大正藏》第二卷阿含
　　部下

《大乘玄論》　吉藏著　《大正藏》卷四十五

《三論玄義》　吉藏著　《大正藏》卷四十五

《勝鬘經寶篇》　吉藏著　《大正藏》卷三十七

《中觀論疏》　吉藏著　《大正藏》卷四十二

《二諦義》　吉藏著　《大正藏》卷四十五

《法華統略》　吉藏著　《卍續藏》　冊四十三

《法華玄論》　吉藏著　《大藏著正藏》卷三十四

《仁王般若經疏》　吉藏著　《大正藏》卷三十三

《法華經義疏》　吉藏著　《大正藏》卷三十四

《淨名玄論》　吉藏著　《大正藏》卷三十八

《十二門論疏》　吉藏著　《大正藏》卷四十二

《百論疏》　吉藏著　《大正藏》卷四十二

《三論玄義檢幽集》　澄禪著　《大正藏》卷七十

《中論疏記》　安澄著　《大正藏》卷六十五

《六祖大師法寶壇經》　慧能著　《大正藏》卷四十八

《出三藏記集》　〔梁〕僧祐撰　《大正藏》卷五十五

《高僧傳》　慧皎撰　《大正藏》卷五十

《續高僧傳》　道宣撰　《大正藏》卷五十

《廣弘明集》　道宣撰　《大正藏》卷五十二

《歷代三寶記》　費長房撰　《大正藏》卷四十九

《開元釋教錄》　〔唐〕智昇著　《大正藏》卷五十五

《世說新語》　劉義慶撰　《四部備要》子部

《三論宗章疏》　安遠錄　《大正藏》卷五十五

國譯《中觀論疏》　宮本正尊、梶芳光運、泰本融共譯　《國譯一切
　　　經》　論疏部六、七　東京　大東出版社

國譯《百論疏》　梶尾辨匡譯　《國譯一切經》　論疏部八　東京　大
　　　東出版社

《地持經》　曇無讖譯　《大正藏》卷三十

二　參考論文目錄

〈鳩摩羅什考〉　上原專祿　《一橋論叢》第22卷　一至二　昭和二
　　　十四年（1949）

〈龍樹之中論及其哲學〉　佐佐木月樵著　關凱圖譯　《現代佛教文
　　　選》　青松主編　臺中　國際佛教文化出版社　頁651

〈龍樹的教學〉　佐佐木月樵　《中觀思想論集》所收　《現代佛教
　　　學術叢刊》第46冊　《佐佐木月樵全集》（四）〈經論研究〉
　　　所收　東京　圖書刊行會　昭和四十八年（1973）　臺北
　　　大乘文化出版社　民國六十七年（1978）

〈吉藏《二諦章》の思想と構造〉　平井俊榮　《駒澤大學佛教學部
　　　研究紀要》第27號

〈三論教學成立史上の諸問題〉　平井俊榮　《駒大佛教學部研究紀要》第32號

〈佛性について〉　月輪賢隆　《佛教の思想》2　講座佛教 II　東京　大藏出版株式會社　昭和五十二年（1977）

〈三論思想における空觀〉　平井俊榮　《佛教思想》6　《空》（下）所收　佛教思想研究會編　京都　平樂寺書店

〈中觀派における空〉　瓜生津隆真　《佛教思想》6　《空》（下）所收　佛教思想研究會編　京都　平樂寺書店

〈三論教學における初章中仮義〉（上、中、下）　伊藤隆壽　《駒澤大學佛教學部研究紀要》第32號、34號

〈空ということ〉　泰本融　《佛教思想》1　講座佛教I　東京　大藏出版株式會社　1995年10月

〈空について〉　松本史朗　《駒澤大學佛教學部論集》第19號　昭和六十三年（1988）3月

〈中國三論宗の歷史的性格〉（上、中、下）　平井俊榮　《駒澤大學佛教學部研究紀要》第24號

〈嘉祥大師の諸經疏について〉　村中祐生　《大正大學研究紀要》第58輯

〈嘉祥大師の教判思想〉　村中祐生　《大正大學研究紀要》第57輯

〈《中論》における緣起〉　立川武藏　《名古屋大學文學部三十周年紀念論集》

〈三論宗學系史に關する傳統說の成立〉　伊藤隆壽　《駒澤大學佛教學部研究紀要》第36號

〈空の世界〉　上山春平　《佛教の思想》所收　東京　中央公論社

〈三論・成實宗〉　鹽入良道　《日本佛教の宗派》（1）所收　講座佛教 VI　東京　大藏出版株式會社

〈中道の哲學〉　上山春平　《佛教の思想》（3）・空の論理《中
　　論》　東京　角川書店　昭和五十九年（1981）

〈《中論》における〈顯正〉面の考察〉　光順豐芸　《龍谷大學論
　　集》第380號　昭和四十一年（1966）2月

〈嘉祥大師吉藏〉　湯次了榮　《佛教原理論》所收　東京　叢文閣
　　書店　昭和十五年（1940）

〈吉藏における佛性思想の形成〉　鎌田茂雄　《中國佛教思想史研
　　究》所收　東京　春秋社　昭和四十四年（1969）

〈三論學派における約教二諦說の系譜〉　佐藤哲英　《龍谷大學論
　　集》第384號　昭和四十二年（1967）7月

〈佛教の受容～僧肇と慧遠～〉　荒木見悟　《中國文化叢書》3
　　（思想史）　東京　大修館書店　1967年

〈僧肇吉藏〉　伊藤隆壽　《中國佛教の文化》一書所收　東京　大
　　藏出版株式會社　1988年12月

〈六家七宗研究序說〉　晴山俊英　（駒澤大學佛教學部論集》第22
　　號　平成3年10月

三　中日當代佛教論著

《漢魏兩晉南北朝佛教史》　湯用彤著　臺北　鼎文書局　1976年

《中國佛教總論》（〈中國佛教史略〉〈中外佛教關係史略〉〈中國佛教
　　宗派源流〉）　臺北　木鐸出版社　民國七十二年（1983）

《中國佛教思想概論》　呂澂著　臺北　天華出版社　1982年

〈漢譯本《中論》初探〉　藍吉富著　《三論典籍研究》所收　現代
　　佛教學術叢刊（48）　臺北　大乘文化出版社　民國六十八
　　年（1979）

《中國哲學原論》　唐君毅著　臺北　臺北學生書局

《菩提道次第廣論》　宗略巴道著　法尊譯

《性空學探源》　印順著　臺北　正聞出版社　民國八十一年
　　　（1992）

《中國佛教史》　黃懺華著　《民國叢書》第一編8　上海　上海書店
　　　1989年

《中觀今論》　印順著　臺北　正聞出版社　民國七〇年（1981）

《中觀論頌講記》　印順著　臺北　正聞出版社　民國七十五年
　　　（1986）

《法性空慧學概論》　太虛法師著　《太虛大師全集》　第十三冊

《隋唐佛教史稿》　湯用彤著　北京　中華書局　1982年

《龍樹與中觀哲學》　楊惠南著　臺北　東大圖書公司　民國八十一
　　　年（1992）

《中論》（上、中、下）　三枝充悳著　東京　第三文明社　1992年
　　　修訂版

《羅什》　橫超慧日著　東京　大藏出版株式會社

《三論教學の研究》　平井俊榮監修　東京　春秋社　1990年

《空哲學》　矢島羊吉著　東京　NHK出版社　昭和五十八年
　　　（1980）

《中國佛教思想史の研究》　佐藤成順著　東京　山喜房佛書林　昭
　　　和六〇年（1985）11月25日。

《佛教汎論》（上）　宇井伯壽著　東京　岩波書店　1976年7月

《印度哲學研究》第一　宇井伯壽著　東京　岩波書店　昭和十九年
　　　（1944）4月

《中國佛教史》第一、二卷　鎌田茂雄著　東京　東京大學出版會
　　　1983年6月

《八宗綱要》　《佛典講座》　平川彰著　東京　大藏出版株式會社　昭和五十六年（1978）

《肇論研究》　塚本善隆他著　京都　法藏館書店　1989年版

《三論宗綱要》　前田慧雲著　東京　丙午出版社　大正九年（1920）

《支那佛教史講話》（上、下）　境野黃洋著　東京共主社刊行　昭和四年（1929）6月

《イソド佛教史》　平川彰著　東京　春秋社　1979年

《零の發現》　吉田洋一著　東京　岩波書店　赤版　1979年4月

Emptiness, *A study in Religious Heaning*. New York. Etc. Abingdon Press. 1967.

《支那佛教思想論》　佐藤泰舜著　東京　古徑莊出版社　昭和三十五年（1946）

《大乘佛學の思想》　上田義成著　東京　第三文明社　1989年8月

《アジア佛教史》中國編 I　《漢民族佛教》　中村元、笠原一男、金岡秀友監修編集　東京　佼成出版社　昭和五十一年（1976）5月1日

《空の構造》　立川武藏著　東京　第三文明社　1986年

《佛教學概論》　境野黃洋著　昭和十一年（1936）4月

《イソド佛教思想史》　三枝充悳著　東京　第三文明社　1991年6月15日

《佛性の研究》　常盤大定著　昭和六十三年（1988）5月31日　國書刊行會　東京　丙午出版社　昭和五年（1930）

《空の思想　佛教における言葉と沈默》　梶山雄一著　人文書院　1993年

《中觀思想の研究》　安井廣濟　京都　法藏館書店　1970年

《空の世界》　山口益著　東京　理想社　昭和三十五年（1960）

《般若思想史》　山口益著　京都　法藏館書店　昭和三十一年
　　（1956）3月

四　其他

《望月佛教天辭典》　東京　世界聖典刊行協會出版
《佛教大辭彙》　龍谷大學編　東京　富山房出版　1973年
《佛教語大辭典》中村元著　東京　東京書籍　1991年
《佛教學辭典》　多屋賴俊等　京都　法藏館書店　1992年
《佛典解題事典》　水野弘元等　東京　春秋社　1993年
《佛教の基礎知識》　水野弘元著　東京　春秋社　1993年
《佛教研究入門》　平川彰編　東京　大藏出版株式會社　1993年
《中國佛教史辭典》　鎌田茂雄編　東京　東京堂書店　1981年
《岩波佛教辭典》　中村元等編　東京　岩波書店　1989年

哲學研究叢書・宗教研究叢刊 0702009

吉藏與三論宗及其在日本之流傳

作　者　余崇生

責任編輯　林以邠

特約校稿　龔家祺

發行人　林慶彰

總經理　梁錦興

總編輯　張晏瑞

編輯所　萬卷樓圖書股份有限公司

　　　　臺北市羅斯福路二段 41 號 6 樓之 3

　　　　電話 (02)23216565

　　　　傳真 (02)23218698

發　行　萬卷樓圖書股份有限公司

　　　　臺北市羅斯福路二段 41 號 6 樓之 3

　　　　電話 (02)23216565

　　　　傳真 (02)23218698

　　　　電郵 SERVICE@WANJUAN.COM.TW

香港經銷　香港聯合書刊物流有限公司

　　　　電話 (852)21502100

　　　　傳真 (852)23560735

ISBN 978-986-478-369-4

2021 年 3 月初版二刷

2020 年 9 月初版一刷

定價：新臺幣 300 元

如何購買本書：

1. 劃撥購書，請透過以下郵政劃撥帳號：

　　帳號：15624015

　　戶名：萬卷樓圖書股份有限公司

2. 轉帳購書，請透過以下帳戶

　　合作金庫銀行　古亭分行

　　戶名：萬卷樓圖書股份有限公司

　　帳號：0877717092596

3. 網路購書，請透過萬卷樓網站

　　網址 WWW.WANJUAN.COM.TW

大量購書，請直接聯繫我們，將有專人為您
服務。客服：(02)23216565 分機 610

如有缺頁、破損或裝訂錯誤，請寄回更換

國家圖書館出版品預行編目資料

吉藏與三論宗及其在日本之流傳/ 余崇生著. --
初版. -- 臺北市：萬卷樓, 2020.09

　面；　公分. -- (哲學研究叢書.宗教研究叢
刊；702009)

ISBN 978-986-478-369-4(平裝)

1.三論宗

226.12　　　　　　　　　　　　109011404